AF196421

www.tredition.de

www.tredition.de

©

Verlag: tredition GmbH, Hamburg

1. Auflage 2016

ISBN
Paperback: 978-3-7345-3546-8
Hardcover: 978-3-7345-3547-5
e-Book: 978-3-7345-3561-1

Printed in Germany

Martha Opitz

Martha Opitz

Zum Glück Ayurveda

Ayurveda für jedermann leicht erklärt

mit Geschichten einer Ayurveda-Köchin

aus dem Marienhof

www.tredition.de

Inhalt

Vorwort

Warum könnte dieses Buch für Sie interessant sein?

Auf den folgenden Seiten geht es um das Thema Gesundheit und Heilung sowie um „die Mutter aller Systeme der Heilkunst", den Ayurveda.

Wir alle brauchen Gesundheit, wenn wir unsere Träume im Leben verwirklichen wollen. Zunächst geht es im Leben darum, dass wir groß und stark werden, ein Wunsch, den wir Neugeborenen mit auf den Weg geben.

Dann wollen wir gut lernen, intelligent, pflichtbewusst und liebenswert sein, den passenden Beruf ergreifen und nach Erfolg, Glück und Reichtum streben. Für die meisten ist es wichtig, eine funktionierende, glückliche Familie, den passenden Partner und gesunde Kinder zu haben, auf die sie stolz sein können - erstrebenswerte Ziele. Mancher will vor allem seine Kreativität ausleben, ein anderer sucht sein Heil in der Spiritualität oder in anderen Sehnsüchten, die er verwirklichen möchte.

Um ein erfülltes und glückliches Leben führen zu können, egal mit welchen speziellen Zielen und individuellen Wünschen, brauchen wir unsere Gesundheit als erste und wichtigste Voraussetzung. Wohl jeder von uns hat schon selbst die Erfahrung gemacht oder kennt die von Familienangehörigen, Nachbarn oder Freunden, was es bedeutet, wenn sich durch Krankheit oder einen Unfall das ganze Leben plötzlich ändert, Träume wie Seifenblasen zerplatzen und wir, wenn es gut geht, vor einem Neuanfang stehen.

Mein persönliches Leben war bisher geprägt von einer Vielzahl solcher Erfahrungen.

Aber auf der Suche nach Hilfe durfte ich dabei die große Liebe meines Lebens finden, den Ayurveda. Das Studium dieser 5000 Jahre alten Wissenschaft vom gesunden Leben hat mir einen wunderbaren Schatz an Weisheit und praktischem Wissen offenbart, den ich für mich persönlich, für meine eigene Selbstheilung und von Anfang an in unserem Hotel Marienhof in Burg Stargard auch für andere eingesetzt habe. Ich nahm jede Einladung zur Selbstveränderung dankbar an, die körperliche oder seelische Krankheiten immer darstellen. Das heißt, ich übernahm Selbstverantwortung für meine Gesundheit, mein Heil- und Glücklichsein, eben für mein gesamtes Leben. Dadurch haben sich natürlich mein Denken, mein Fühlen, meine Lebensregeln, meine Essgewohnheiten und vieles andere geändert. Manchen gefiel dies, anderen nicht.

Wenn Sie mehr darüber wissen möchten, wie auch Sie mit Hilfe des Ayurveda Ihr Leben positiv verändern, Sie Selbsterkenntnis und Selbstheilung, noch mehr Glück und Lebensfreude erfahren können, dann lohnt es sich für Sie, weiter zu lesen. Nebenbei erfahren Sie Interessantes aus dem Hotelleben, und einige Tipps für schmackhafte Gerichte sind auch dabei.

Die hier erzählten Geschichten aus dem Hotel Marienhof basieren auf Erlebtem. Bei den Personenbeschreibungen werden Beteiligte jedoch namentlich nicht benannt.

*   *   *

Aus rechtlichen Gründen übernimmt die Autorin ausdrücklich keine persönliche Verantwortung für die im Buch gegebenen Behandlungsempfehlungen und Ratschläge. Diese resultieren aus ihren praktischen Erfahrungen und dem in der Fachliteratur vorhandenen Wissen, ersetzen jedoch nicht den Arztbesuch.

1. Wendezeit

Zu Wendezeiten, also Anfang der 90-er Jahre des vorigen Jahrhunderts, als wir im Osten Deutschlands von Playboy-Remittenden, nicht verkauften Exemplaren zurückliegender Jahre, überschwemmt wurden und davon auch noch begeistert waren, als wir gerade mal das Wort Mehrwertsteuer schreiben gelernt, sie aber dennoch nicht berechnen konnten, da schwärmten Scharen von eifrigen Geschäftstüchtigen aus dem westlichen Teil Deutschlands zu uns in den Osten, um uns endlich am großen Reichtum Deutschlands teilhaben zu lassen. Oder anders ausgedrückt, sie witterten das Geschäft ihres Lebens. Für viele war es das auch, denn wir haben ja das gesamte, wenn auch heruntergekommene Volkseigentum der DDR zum Nulltarif verkauft. Hauptsache, es fand sich jemand, der investieren wollte, damit wir endlich mit dem Aufbau und der Gestaltung blühender Landschaften beginnen konnten. Da waren die vielen Geschäfte-Suchenden und die anfangs zögerlichen Urlaubsreisenden von West nach Ost, die reichen Onkel, Tanten und anderen Verwandten aus dem Westen und diejenigen, die nach dem Krieg 1945 Haus und Hof verlassen hatten und nun wieder nach dem Rechten sehen wollten. Sie alle brauchten natürlich auf ihren Reisen durch und in den Osten eine vorübergehende oder auch längere Bleibe.

Aber, oh weh! Das Netz der Hotels, Pensionen und anderer Unterkünfte war für diesen Ansturm an Reisewilligen einfach nicht dicht genug gesponnen. Ganz zu schweigen vom Qualitätsstandard der Hotels, der - außer vielleicht in einigen damals noch bestehenden Interhotels - nicht gegeben war. Während sich die Wessis über die „Flöhe" in unserem in der Tasse aufgebrühten Kaffee echauffierten, ebenso über die unerträglichen Abgase unserer Trabis und anderer Zweitakter im Straßenverkehr, über unsere kaputten Straßen, über zu wenige Hotels und Gaststätten und über mangelnde Frische und Vielfalt bei den Speisen in den Restaurants, da hatten wir Ossis bei unseren Besuchen im Westen ganz andere Probleme.

So ist das nun mal, wenn verschiedene Welten aufeinander prallen. Ich weiß nicht, wie es Ihnen ging, aber ich hatte bei meinem ersten Besuch im Westen jedenfalls so meine Schwierigkeiten. Davon abgesehen, dass ich beim Anblick all der bunten Schaufenster und tausender glitzernder Verkaufsschlager riesige Kopfschmerzen bekam, erwies sich auch mein erster Toilettenbesuch als höchst abenteuerlich. In einer Raststätte wollte ich mir nach dem Benutzen der Toilette die Hände waschen, aber es gelang mir einfach nicht, den Wasserhahn zu betätigen. Bis ich mit verstohlenem Blick bei meiner Nachbarin sah, dass man die Hände unter den Wasserhahn halten musste, damit das Wasser floss. Wie ging das denn?

Bei meinem Besuch in Hamburg waren wir 3 Ostfrauen im Auto und wollten in der Innenstadt irgendwo parken. Dass man stundenlang nach einem Parkplatz suchen kann bzw. musste, anstatt andere sinnvolle Sachen zu tun, war mir neu und bislang unvorstellbar. Aber wir waren ja lernfähig.

Da, endlich ein Parkhaus! Kannten wir auch noch nicht. Unsere Fahrerin hielt an der Schranke zum Parkhaus, hier ging's offenbar nicht weiter. Was nun? Wir debattierten und wurden langsam unruhig. Da stand so ein Ticketautomat, der uns abweisend musterte. Wir hatten kein Ticket, und die Schlange hinter uns wurde immer länger. Tja, ohne Ticket kommen wir hier nicht rein, konstatierte unsere Fahrerin, also müssen wir wieder zurück. Kurz entschlossen, als ob sie dieses Gefährt von Westauto schon ihr Leben lang kutschiert hätte, legte sie den Rückwärtsgang ein, was die Insassen der hinter uns stehenden Autos natürlich sahen. Diese fuhren dann auch fünf Zentimeter zurück. Nach vielen kleinen Zurück und Vor schaffte unsere Meisterfahrerin es dann endlich, das Parkhaus wieder auf der gleichen Spur zu verlassen, auf der sie herein gefahren war. Mit unserem Trabi wäre das natürlich ein Klacks gewesen. Alle schauten uns komisch, fast entgeistert an. Hätte uns ja auch vielleicht jemand einen Tipp oder ein Ticket geben können?! Später haben wir schallend über uns selbst gelacht. Das soll uns erst mal jemand nachmachen!

Na ja, aber dafür waren die Hotels in Hamburg spitze. Ich arbeitete 1990 für ein paar Monate zusammen mit Einigen aus Neubrandenburg dort, das heißt, ich lernte arbeiten. Immer wieder mussten wir uns anhören, dass wir im Osten doch zu DDR-Zeiten gar nicht richtig gearbeitet hätten und wir es deshalb erst einmal richtig lernen müssten. Phuuh! Ich nahm´s nicht persönlich. Vielleicht ist das nur so ein generelles Vorurteil. Woher sollten sie auch wissen, wie es wirklich bei uns war!

In einem großen Hotel in der Nähe der Reeperbahn, in dem ich mit noch einer Mitstreiterin für mehrere Wochen untergebracht war, frühstückten wir jeden Morgen ausgiebig, bevor wir zur Arbeit fuhren. Den Kaffee mussten wir allerdings immer extra bezahlen, alles andere ging auf Rechnung unseres Firmenchefs. Da wir zu dieser Zeit, im Frühjahr 1990, erst im Besitz weniger getauschter D-Mark waren (die Währungsunion war erst ab

01.07.1990), verzichteten wir dann nach ein paar Tagen auf den morgendlichen Kaffee im Hotel. In der Firma konnten wir später ohnehin so viel Kaffee trinken, wie wir wollten. Damals wusste ich leider nicht gleich, dass es unrecht war, den Kaffee im Hotel von uns zu kassieren. Die Kellner hatten das Geld einfach in ihre eigene Tasche gesteckt – ein klarer Akt von Gier bei Ausnutzung unserer Unwissenheit. Aber das war die einzige Erfahrung dieser Art, ansonsten habe ich in diesen Zeiten nur Großzügigkeit und Freundlichkeit erlebt.

Mit der Zeit hatten wir uns im Osten und auch in Burg Stargard, meinem Wohnort in Mecklenburg, Kaffeemaschinen angeschafft, damit unser Westbesuch keinen Flohkaffee mehr trinken musste. Und außerdem sind wir selbst auf den Geschmack gekommen. Wir kauften alles, was bunt eingewickelt war und schön glänzte, was sich Fertigprodukt in Büchse nannte und uns Frauen ganz viel Zeit ersparte. Denn die meisten waren ja noch berufstätig. Toll! Endlich konnte man alles kaufen, wenn man das Geld dazu hatte. Damals entwickelte ich erste Hautallergien, sicherlich als Abwehrreaktion gegen das Nickel in den Büchsen und die vielen Zusatzstoffe und Geschmacksverstärker, mit denen ich bis dahin noch keine Bekanntschaft gemacht hatte.

Aber genügend Hotels gab´s immer noch nicht! Und das war die Geburtsstunde für meine Idee, in Burg Stargard ein Hotel zu bauen. Der Bauboom war ungebrochen, und so entstand 1994 in 8 Monaten Bauzeit unser Hotel Marienhof in meinem Wohnort Burg Stargard. Mit meiner Schwester Edeltraut Hellwig, die bereits ihr ganzes Berufsleben lang in der Hotelbranche tätig war, machte ich diesen gewagten Schritt in die Selbständigkeit. Im Nachhinein betrachtet, gleicht es einem Wunder, dass unser Hotel fertiggestellt werden konnte. Aber es sollte so sein. Die vielen Hürden und spürbaren Widerstände, die bei der Planung, Finanzierung, beim Bau, bei den Behörden, für Genehmigungen, Anträge, für Zulassungen und Prüfungen überwunden werden mussten, glichen teilweise einer Sisyphusarbeit. Nur mit großer Ausdauer, einem starken Willen und Gottvertrauen haben wir das alles gemeistert, bis hin zur Eröffnung am 28.10.1994.

Für Freunde und Kenner des Maya-Kalenders sei an dieser Stelle erwähnt, dass dieser Tag von der Energie der „blauen Nacht auf Ton fünf" getragen wurde. Eine Energie, die uns lehrt, Fülle in allen Facetten des Lebens zu erleben bzw. zu manifestieren. Fülle durch Veränderung und Ausschöpfung aller Möglichkeiten, aber mit einem stabilen Fundament von Schutz und Reife. Die Herausforderung besteht darin, den Glauben und das Vertrauen auf diese Fülle auch in allen schwierigen Situationen aufrecht zu erhalten.

Ein Traum hatte sich erfüllt. Ich stürzte mich in das größte Abenteuer meines Lebens. Auf der Suche nach einem passenden Namen für unser Hotel halfen meine damals noch jungen Töchter Lydia und Marie-Luise. Während wir mit der Familie durch Deutschland tourten, begegneten uns viele schöne Hotelnamen. Mir gefiel der Name Luisenhof am besten. Da sagte meine Tochter Lydia, wieso Luisenhof, dann kann es ja auch Lydiahof heißen! Und so kam ich im selben Moment auf die Idee, unseren Traum Hotel Marienhof zu nennen, nach meinem Geburtsort Marienhof, einem kleinen Dorf in der Nähe von Burg Stargard.

Unser kleines familiengeführtes Hotel Marienhof hat heute 24 Zimmer, 2 Gasträume und 1 Massage- und Behandlungsraum. In den zurückliegenden 22 Jahren beherbergte es Gäste aus aller

Welt, Urlauber, aber auch Geschäftsreisende und Feierwillige. Es gab Höhen und Tiefen. Mal wurden wir überrannt von Gästen, dann wieder blieben sie aus. Gewiss machten wir auch Fehler, aus denen wir aber immer gelernt und versucht haben, es künftig besser zu machen. Überhaupt gab es bei uns in all den Jahren immer wieder Veränderungen und Neuerungen, sonst wäre es mir auch langweilig geworden. Meiner Kreativität und meinem Einfallsreichtum waren keine Grenzen gesetzt.

Hotel Marienhof in Burg Stargard

Kochkurs in der Hotelküche

2. Schwein gehabt!

Es war an einem Herbsttag im November 1999, einem Tag, den man am liebsten Zuhause auf dem Sofa verbringen möchte, gemütlich in eine warme Decke gekuschelt. Draußen Nebel und Regen, alles von dunklen Wolken überschattet. Das kleine Bäumchen im Vorgarten unseres Hotels, das sich auf einem der 7 Hügel unserer 5000 Einwohner zählenden Stadt befindet, bog sich anhaltend unter dem feuchten Druck der Windböen, um dann blitzartig wieder zurück zu schnellen. Ich spürte förmlich den Schmerz, den der peitschende Wind und der prasselnde Regen ihm zufügten. Dennoch konnte der starke Wind dem Bäumchen nichts anhaben, denn es gab nach und kämpfte nicht. Es setzte seine Kräfte klug und naturgemäß ein, sonst wäre es wahrscheinlich abgebrochen. Wer soll sich bei einem solchen Wetter aus dem Haus wagen, dachte ich, um zu uns zum Essen zu kommen? Na, diesen Tag können wir wohl abschreiben.

Die Saison war ganz gut gelaufen, aber nun fehlten die Urlauber, die in den warmen Sommermonaten unsere Stadt bevölkert hatten. Die meisten unserer Gäste, die vorwiegend aus der Berliner Gegend, Sachsen und Hamburg kamen, waren ganz begeistert von den vielen kleinen Hügeln und Seen bei uns. Sie fühlten sich hier bei uns in der ländlichen Idylle prächtig und genossen die Unberührtheit der Natur.

Es ist wirklich erstaunlich, wie schön unsere Stadt in den letzten Jahren geworden ist. Ich kann mich noch erinnern, wie grau ich diese Stadt als Kind fand, als ich in den Sechziger Jahren hier zur

Schule ging. Ich, ein urwüchsiges Kind vom Lande, das in der Abgeschiedenheit eines kleinen Dorfes aufgewachsen war, das die wogenden weizengelben, kornblumenblauen und mohnroten Felder liebte. Ich fühlte mich damals in den engen Gassen der Stadt nicht wohl, wo es im Sommer unangenehm heiß war und aus den Straßengullys roch. Und wo einem im Winter der Rauch so vieler Schornsteine den Atem nahm.

Heute ist von alledem nichts mehr zu sehen und zu spüren. Ein Wandel hat seit der Wende stattgefunden, wohl auch bei mir.

Jetzt ist Burg Stargard mein geliebtes Zuhause, meine Heimat, die ich gerne vorzeige und empfehle. Besonders natürlich unsere historische mittelalterliche Höhenburg, die älteste erhaltene in Norddeutschland, oder aber eine Wanderung „Über die sieben Berge", bei der man von jedem Standort aus einen fantastischen Blick auf die Burg, die farbigen Dächer der Stadt, ihre Natur und ihr Treiben hat.

Nun, bis zum nächsten Sommer müssen wir uns noch ein wenig gedulden, sagte eine Stimme in mir, da riss mich das Läuten des Telefons jäh aus meinen Gedanken.

„Hallo Maria, schön von Dir zu hören. Wie geht es Dir?"

Maria Kühl, die gute Fee und Rentnerin aus Hamburg, sie war in den letzten Jahren oft bei uns im Hotel Marienhof zu Gast gewesen. Zwischen uns hatte sich eine tiefe Verbundenheit und eine Freundschaft entwickelt, die bis heute anhält. Alle trüben Gedanken in meinem Kopf waren wie Wolken im Wind sofort weggeblasen. Wie gebündelte Sonnenstrahlen breiteten sich ihr Optimismus und ihr Tatendrang augenblicklich auf mich aus.

„Stell Dir vor", sagte sie, "bei uns in Hamburg hat man einen riesengroßen Findling aus der Elbe gezogen, den sich am Wochenende tausende Schaulustige angesehen haben. Eine kleine Gaststätte ganz in der Nähe, die bisher kaum jemand recht kannte, macht jetzt dadurch das Geschäft ihres Lebens, weil nebenbei alle darin einkehren. Ja, so einen Findling müsstet Ihr bei Euch am Hotel haben, dann würde euer Geschäft boomen."

„Ist ja toll", meinte ich lachend, „aber wie kriegen wir so einen Findling von Hamburg nach Burg Stargard? Na, Spass beiseite, wir müssen uns wohl was anderes einfallen lassen."

Nachdem wir uns herzlich voneinander verabschiedet hatten, überlegte ich, wo wir so einen „Findling" für uns her bekommen. Ich fing gerade an, mir ernsthaft den Kopf über künftige, neue Erfolgsmaßnahmen zu machen, da klingelte schon wieder das Telefon. Endlich eine Bestellung oder Reservierung, na bitte.

Aber es war wieder meine Freundin Maria, die Verkünderin der „Findlings-Erfolgs-Story".

„Du, ich hab´ eine Idee", hallte es freudestrahlend in mein Ohr, „eine Freundin von mir hier aus Hamburg, eine nette Dame auch schon über siebzig, ist im Besitz einer großen Sammlung von Glücksschweinchen, die sie, soviel ich weiß, abgeben und sogar verschenken möchte. Vorausgesetzt, sie ist damit einverstanden, könntest Du Dir bei Euch im Hotel eine solche Ausstellung von Glücksschweinchen vorstellen?!"

Glücksschweinchen? Glück ja, Schweine, dachte ich, Marienhof, ja, doch, das passt, warum nicht? Ich hatte keine Ahnung, was Maria meinte, aber irgend etwas mussten diese Glücksschweine mit dem Findling gemeinsam haben. Ich sah schon kleine und riesengroße Glücksschweine vor mir, in allen Formen, Farben und Posen. Sie saßen auf allen Treppenabsätzen unseres Hotels, in Regalen, auf Tischen, an Wänden, an der Rezeption und in den Gästezimmern – die reinste Invasion.

Ich musste schmunzeln.

Wieder hatte sich Marias große Begeisterung sofort auf mich übertragen und solche Visionen in mir geschaffen.

Wie oft hatte Maria mir in den zurückliegenden Jahren Mut gemacht, wenn ich nicht weiter wusste und sich die Probleme vor mir auftürmten. Nie war sie sparsam mit guten Ratschlägen und Tipps und gab die Erfahrungen ihres bereits langen Lebens zum Nutzen anderer weiter. Ganz uneigennützig hatte sie in Zeiten des Aufbruchs und Aufbaus über einen Sponsor, einer Rosenschule aus dem Kreis Pinneberg, der Region Mecklenburg-Strelitz und der Stadt Burg Stargard Hunderte von Rosenpflanzen geschenkt. Sie wollte ein Zeichen setzen, damit Burg Stargard wie einst wieder „Stadt der Rosen" wird.

Auch heute blühen bei uns am Hotel jedes Jahr immer noch einige der herrlichen Rosen von Maria und erinnern mit ihrem Duft, ihren prächtigen Farben und ihrem Charme an die Zeiten des Aufbruchs, der gegenseitigen Hilfe zwischen Ost und West und – an Maria.

„Ja, Maria, nimm doch bitte Kontakt auf zu Deiner Freundin, ich glaube, Glücksschweinchen würden ganz gut in unser Hotel reinpassen", sagte ich zum Schluss zu ihr. „Und außerdem, Glück und Schwein, wer kann das nicht gebrauchen? Schließlich bin ich Unternehmerin, da muss ich doch was unternehmen."

Mit der trüben Stimmung von vorhin war es nun vorbei. Zum Zeichen dafür schob sich die strahlende Sonne vor die letzten vorbeiziehenden Wolken und tauchte alles in ein herrliches, herbstliches Gold. Und sogleich kamen auch schon die ersten Mittagsgäste, die ich freundlich begrüßte.

Maria hatte alles bestens arrangiert. Das erste Treffen mit der unbekannten Sammlerin sollte stattfinden. Ich war aufgeregt vor der ersten Begegnung mit Gisela Holtz aus Hamburg. Was wird sie von mir denken? Ich komme einfach daher und will mit ihr über ihre Glücksschweinchen verhandeln, die sie über 40 Jahre mit Liebe, Ausdauer und Leidenschaft gesammelt und von allen Verwandten, Freunden und Bekannten immer wieder geschenkt bekommen hat. Was ist sie für ein Mensch, der bereit ist, das Liebste, was er hat, einfach wegzugeben – einfach loszulassen? Wie sieht sie aus, werden wir uns verstehen?

Während ich diesen Gedanken nachging und wir uns durch den für mich ungewohnten Verkehrsstrom Hamburgs gewälzt hatten, standen wir auch schon vor ihrer Tür, die - wie konnte es anders sein - mit Glücksschweinchen geziert war.

Freundlich lächelnd bat sie Maria und mich in ihre Wohnung, in der alles nur so von Glücksschweinchen wimmelte. Wohin ich meinen Blick auch richtete, überall schauten mich verspielte und lustige Schweineaugen an. Ich kam mir so vor wie in einem schönen und sehr phantasiereichen Traum, der alle meine Erwartungen und Vorstellungen von Schwein übertraf.

Die kleine Ein-Raum-Wohnung entpuppte sich mehr und mehr als ein außergewöhnliches, ganz persönliches Museum dieser Frau. Jede Nische, jeder Vorsprung, alle Winkel und Ecken, selbst der Platz über dem Bett, die Wände, Kühlschrank, Badewanne, Regale und alle Ablagen waren in dieser Wohnung zu Stand-, Sitz- und bequemen Liegeplätzen unzähliger großer und kleiner Glücksbringer erklärt worden. Diese hatten sie offenbar schon viele Jahre eingenommen und im vertrauten Einvernehmen untereinander und mit der Bewohnerin geteilt. Dennoch war genügend Platz für Gemütlichkeit, für Blumen und Licht. Alles hatte seine gute Ordnung und seinen Platz.

Voller Stolz zeigte Frau Holtz uns alle ihre Lieblinge und erzählte dabei so manche Geschichte, die sich um das eine oder andere Tierchen rankte. So breitete sie nach und nach ganz offen das Geheimnis ihrer einzigartigen Sammlerleidenschaft vor uns aus.

„Bewundernswert, einmalig, was Sie hier zusammengetragen haben, Frau Holtz. Wie viel Liebe und Zeit und nicht zuletzt wie viel Geld stecken in dieser großen Sammlung", sagte ich aus tiefster Überzeugung zu ihr.

„Ja, aber es hat mir vor allem auch immer viel Spass und Freude gemacht", war ihre kurze Antwort. Dann zeigte sie uns auch noch ihre Patchwork-Arbeiten und eine ganze Reihe selbstgemalter Bilder, feine chinesische Tuschezeichnungen mit Blumen, Tieren und Landschaften. Ich kam aus dem Staunen nicht heraus. Spätestens jetzt wusste ich es. Ich hatte es hier nicht nur mit einer leidenschaftlichen Sammlerin, sondern mit einer wahren Künstlerin zu tun. Ich war so überrascht und überwältigt. Nie hätte ich gedacht, dass es so viele Glücksschweine in so vielen Varianten gibt, aus den verschiedensten Ländern der Erde und aus allen möglichen Materialien wie Stoff, Stein, Glas, Keramik, Emaille oder Gummi.

Aber es waren nicht die vielen, wunderschönen Schweinchen, die ich als erstes in mein Herz schloss und die mich begeisterten, sondern diese liebenswerte, kleine und zierliche Frau, so natürlich und herzlich, einfach und bescheiden. Aus ihren gutmütigen und blaugrünen Augen sprach die Erfahrung eines ganzen, langen Lebens, angefüllt mit Liebe, Schmerz und Leid, Hoffen, Sehnsucht und Freude. Ich spürte vom ersten Augenblick an ein unglaubliches Vertrauen zwischen uns, so als würden wir uns schon ewig kennen. Ich sah ein Band, das sich zwischen uns Dreien spannte, das eigentlich alle Menschen miteinander verbindet – die Liebe.

Wie überglücklich war ich jetzt, diese liebe Frau durch Maria kennengelernt zu haben. Meine anfängliche Befangenheit und meine Ängste hatten sich schnell in tiefe Dankbarkeit gegenüber diesen beiden Frauen aus Hamburg verwandelt. Dankbarkeit dafür, dass ich so etwas überhaupt erleben durfte. Womit hatte ich das verdient, dachte mein Kopf, und mein Herz freute sich.

Während ich mich brennend für diese ganze angesammelte „Saubande" interessierte, wollte Frau Holtz gerne Einiges über unser Hotel Marienhof erfahren und sehen. Und so plauderten wir ungezwungen bei Tee und selbst gekochter Gemüsesuppe, die Frau Holtz servierte. Ich erzählte, wie wir, meine Schwester, mein Mann und ich, überhaupt auf die Idee gekommen waren, in Burg Stargard ein Hotel zu bauen, von unserer Begeisterung und unserem Vertrauen, aber auch von den Herausforderungen für Selbständige. Wie wir nach der Wende ganz viele Dinge völlig neu lernen und begreifen mussten, nicht zuletzt die Macht des Geldes und den Konkurrenzkampf. Dass es aber immer noch ganz viel Freude macht und eine schöne Sache ist, mit den Aufgaben zu wachsen, neue Dinge auszuprobieren und zu sehen, wie sich die Gäste bei uns im Hotel wohlfühlen.

„Bitte besuchen Sie uns in Burg Stargard, Frau Holtz, schauen Sie sich alles an. Es wird Ihnen bestimmt gefallen."

„Ja, das werde ich tun", gab sie zur Antwort. „Eigentlich hatte ich vor, meine ganze Sammlung dem Schweinemuseum in Bad Wimpfen (heute in Stuttgart) zu vermachen", erzählte sie. „Ich hatte dazu schon Gespräche mit der Besitzerin des Museums geführt. Aber irgenwie konnten wir nicht so richtig miteinander. Jedenfalls kamen wir nicht überein, und so wurde daraus nichts."

Ich wusste bisher gar nicht, dass es überhaupt so etwas wie ein Schweinemuseum gibt. In Gedanken beschloss ich sogleich, den ganzen Glücksschweinen im größten Schweinemuseum der Welt bald persönlich guten Tag zu sagen.

Die „Schweinerei" nahm ihren Lauf. Ich traute meinen Ohren kaum, als ich Frau Holtz hörte: „Auf jeden Fall möchte ich, dass meine ganze Schweinesammlung nicht weiterhin hier bei mir in der kleinen Wohnung bleibt, wo nur ich und einige Wenige sie sehen und bewundern können. Ich bin allein und habe keine Kinder, denen ich sie vererben könnte. Ich kann mir meine Lieblinge gut vorstellen in Ihrem Hotel, wo sie Ihnen und vielen Ihrer Gäste Freude bereiten werden, na, und natürlich auch Glück, denn dafür sind sie ja bekannt, nicht wahr! Schließlich haben sie mir auch immer Glück gebracht."

Ich wusste nicht, was ich sagen sollte, so gerührt und voll Freude war ich. Ist es wahr, sie will uns wirklich diese ganze „Saubande" einfach schenken?

Maria schaute mich zuversichtlich und gerührt an. Frau Holtz lächelte. Und ein so großes Glücksgefühl überkam mich.

„Es ist mein Beitrag, den ich sozusagen zum Aufbau Ost leisten möchte", kam es freudig über ihre Lippen. „Vielleicht werden Ihnen diese kleinen Biester ja wirklich Glück bescheren, in Ihrem Geschäft, mit Ihren Gästen, und überhaupt. Und außerdem hat mir Mecklenburg schon immer ganz besonders am Herzen gelegen."

Sie machte keine großen und nicht viele Worte, aber die saßen. Ihre ganze Liebe, ihre Selbstlosigkeit und die Weisheit einer betagten Frau erstrahlten in ihrem lächelnden Gesicht, als sie diese Worte sprach. Ich konnte nur mit einer Umarmung Danke sagen, während ich heimlich Tränen der Rührung hinter meinem Lächeln versteckte.

Noch nie in meinem Leben wurde ich so reich beschenkt, ich meine mit Dingen, die man anfassen kann. Ansonsten hat mich das Leben schon sehr reich beschenkt, mit Kindern, Familie, stets Arbeit, Freude und immer gute, wenn nicht sogar die besten Lehrer. Was will man mehr, welch´ ein Glück?!

Auf dem Weg von Hamburg nach Hause lief mir das Glück gleich noch einmal über den Weg, das heißt natürlich nur deshalb, weil ich es wahrgenommen habe, das große unübersehbare Schild an der Autobahn mit dem Wort ANTIK.

Kurz entschlossen und wie von einem Magnet angezogen, fuhr ich die nächste Abfahrt runter und geradewegs nach Puttlitz zum Antikhandel, der bestimmt viel Geld für sein Werbeschild an der Autobahn ausgegeben hatte.

Ich hätte auch gerne so ein großes Werbeschild für unser Hotel an der B 96 oder an anderen Zufahrtsstraßen, die nach Burg Stargard führen. Aber bei meinen Bemühungen als Selbständige in der Tourismusbranche musste ich mich bedauerlicherweise in den zurückliegenden Jahren darüber belehren lassen, dass die bestehenden Gesetze dies leider nicht zulassen. Welchen Nutzen hätte es denn auch? Autofahrer, Urlauber könnten es lesen, ihrer Eingebung folgen, nach Burg Stargard abbiegen, unser schönes Städtchen sehen und Lust bekommen, dort zu bleiben, vielleicht sogar in unserem Hotel. Das scheint jedoch nicht Ziel unserer Gesetzgebung zu sein.

Ich fand jedenfalls auf Grund des Schildes und meiner Eingebung folgend in diesem Antikhandel genau die Regale, Setzkästen und Schränkchen, die ich suchte und brauchte, um all die vielen Glücksschweine bei uns im Hotel unterzubringen und ihnen den gebührenden Platz einzuräumen. Schließlich würden sie bald ein neues Zuhause bekommen, und da sollte es ihnen an nichts fehlen.

Aber mir fehlte noch die richtige, zündende Idee, wie ich die ganzen Vierbeiner platzieren und positionieren sollte. Ich hatte das gute Gefühl, dass ich hierfür die passenden Anstöße und Anregungen bestimmt im Schweinemuseum bekommen würde. Und so fuhr ich gleich eine Woche später zusammen mit meinem Mann nach Bad Wimpfen, in das kleine verträumte Städtchen am Neckar. Morgens hin, rein ins Museum, Übernachtung, und am nächsten Tag gleich wieder zurück nach Hause. Es war zwar eine Tortour, aber es hatte sich gelohnt. Denn nun war die Vorstellung, wie die ganze Schweinebande in unseren beiden Gasträumen ausgestellt werden könnte, fertig in meinem Kopf.

Natürlich hätten wir in dem Schweinemuseum einen ganzen Tag zubringen können, so groß, vielfältig und reich war hier die Ansammlung von Kunst und Kitsch, verkörpert in den unzähligen Schweinefiguren bzw. auf den vielen kuriosen Gegenständen mit Schweinen, z. B. auf Plakaten, Karten, Socken, Handtüchern und auf anderen Dingen. Aus dem Schmunzeln kamen wir jedenfalls beim Anblick dieser Tiere nicht heraus.

Und es scheint fast so, als würden sie beim Betrachter einen nachhaltigen, vielleicht sogar glücklichen Eindruck hinterlassen.

Knapp zwei Monate waren seit Marias Anruf und ihrer Idee mit den Glücksschweinchen vergangen. Seitdem floss eigentlich alles wie von selbst. Frau Holtz war damit einverstanden, dass ich noch im Dezember das große Geschenk bei ihr abholen konnte. Ich nutzte ein Wochenende dazu, die komplette Sammlung von Hamburg nach Burg Stargard zu transportieren.

Maria und meine Tochter Marie-Luise, die mich auf der Fahrt begleitete, halfen beim Einpacken der leicht zerbrechlichen und geheimnisvollen Fracht. Währenddessen verabschiedete sich Frau Holtz schmerzlich, aber liebevoll und mit interessanten Geschichten von ihren jahrelangen Begleitern.

Mein kleiner Golf war bis an die Decke zugepackt, mit System, versteht sich. Als ehemalige, gelernte DDR-Bürgerin und passionierte Trabifahrerin war es für mich ein Leichtes, aus wenig Laderaum viel zu machen. Ich hoffte sehnlichst, dass unterwegs nichts passieren würde. Und so brachte ich trotz Schnee und Eis auf den Straßen die ganze Schweinefracht wohlbehalten nach Burg Stargard in unser Hotel.

Wie üblich beim Umzug in eine neue Wohnung, so hatte ich auch bei diesem krassen Ortswechsel das unbedingte Gefühl, erst noch renovieren zu müssen. Wenn guter Rat teuer ist und Malerarbeiten auch, was macht man da? Man macht sie selbst. Gesagt, getan. Mit einer riesigen Portion Wagnis und Risiko, meine Ideen im Hinterkopf, machte ich mich mit Pinsel und Farbe gemeinsam mit meiner Tochter am Wochenende daran, unser Restaurant in Blau und Orange zu tauchen.

Allen Skeptikern zum Trotz, die meinten, das wäre viel zu gewagt und weiß wäre immer noch die beste Farbvariante. Mit ein bisschen „Schwein" im Hinterhalt schafften wir es geradeso, bis

Sonntagabend fertig zu werden. Mein starker Muskelkater in Armen und Beinen und die Erfahrung dieses Wochenendes sollten meine Einstellung und Achtung vor der Malerzunft für immer verändern. Zwar hatte die neu gestrichene Decke im Restaurant bei Licht betrachtet einige leichte Schattierungen aufzuweisen, aber – wie sich dann später herausstellten sollte – Kenneraugen wollten gerade darin das Besondere und Kunstvolle unserer neuen Farbkomposition erkennen.

Der Termin für die Eröffnung unserer Ausstellung stand fest, nun musste nur noch jedes Schwein seinen eigenen Platz bekommen, dann konnte es losgehen.

Alle Angestellten im Hotel halfen mit beim Arrangieren der neuen Mitbewohner, beim Auspacken, Putzen und gemeinsamen Kennenlernen. Ich kann mich nicht erinnern, bis dato jemals etwas Spaßigeres seit Bestehen unseres Hauses erlebt zu haben, so lustig und vergnügt zogen die 2000 Glücksschweine von Gisela Holtz bei uns ein.

Damit sie sich auch alle vertragen würden, hatte ich beschlossen, das gesamte Terrain genau aufzuteilen. So entstand in unserem Restaurant „Bauernstube" als erstes der „Schweinestall". Hier fanden sich alle Figuren ein, die man sich grunzend, schlafend, sich vermehrend oder einfach liegend auf Stroh vorstellen muss, aber auch arbeitend mit Futtereimern in den „Händen" und für die Kleinen sorgend. Einfach schön.

Daneben in den verschiedensten Regalen: große und auch kleine Sparschweine, hängende und wilde Schweine. Die kleinsten wurden in Setzkästen untergebracht, für jedes ein eigenes Revier. Sie fügten sich alle ein in das friedliche Miteinander von Hühnern im Stroh, Enten, Gänsen, Kühen u. a. Tieren, wie man das von einem Bauern(Marien)hof eben so kennt.

Im Restaurant „Kornkammer", in dem unsere Gäste frühstücken, sollte unmittelbar am Frühstücksbuffet die „Küche" ihren Platz finden. Zusammen mit Brotkörbchen, Töpfen, Teekessel, Kellen, Sieben und anderen Gerätschaften standen hier alle Tee- bzw. Kaffeekannen mit kleinen und auch sehr großen Bäuchen bereit, angeschaut oder sogar genutzt zu werden. Sie erinnern an die gute alte Zeit, wo Großmutter und Großvater noch lebten, wo das, was man sah und hatte, auch tatsächlich noch das hielt, was es versprach.

Aber nun musste auch noch eine „Spielecke" her für unsere Kleinsten. Man glaubt es einfach nicht, was Glücksschweine im Gegensatz zu uns Menschen für einen ausgeprägten Spieltrieb haben, und wie sie Urlaub und Reisen begeistern. Man konnte sich hiervon in unserer kleinen Spielecke überzeugen. Das Schwein in der Hängematte oder der rudernde Gondoliere im Boot erinnern uns täglich daran, wie schön und spielend leicht unser Leben doch sein könnte. Und daneben Plüsch über Plüsch in allen Varianten, mit kurzem Haar, mit langen Borsten oder selbst genäht aus Stoff von Frau Holtz.

Als I-Tüpfelchen des Ganzen hefteten wir neben der Spielecke das Meisterwerk unserer großen Gönnerin an die Wand, nämlich einen selbst gefertigten Patchwork-Teppich. Er erzählt mit seinen tausenden kleinen Stichen, den vielen kleinen Stoffteilchen, Knöpfen und Bändchen aus dem Alltag des Schweinelebens. Er lässt den unermüdlichen Fleiß seiner Erschafferin erahnen und erntet von vielen Besuchern unseres Restaurants auch heute noch immer wieder größte Bewunderung.

Als alles fertig war, auch die aufsehenerregendsten Postkarten angebracht und die letzten Schweinebücher aufgestellt waren, alles begutachtet und für gut befunden war, fühlten wir uns alle zusammen sauwohl.

Zur Eröffnung der Ausstellung kamen neben unseren beiden Ehrengästen, Gisela Holtz und Maria Kühl aus Hamburg, viele andere Gäste. Die Freude und Überraschung waren bei allen groß. Ich glaube, auch Frau Holtz war jetzt überzeugt, ihre Sammlung in gute Hände gegeben zu haben. Die Behausung und Unterbringung ihrer Lieblinge gefielen ihr jedenfalls sehr gut.

Während der Ausstellungseröffnung erzählte Maria unseren Gästen das schöne Märchen „Von den drei Glücksschweinchen", die ein Handwerksbursche als Dank für seine Arbeit von einer Fee bekam. Zum Spiel seiner Geige tanzten die drei Schweinchen so possierlich, dass eine todtraurige Prinzessin das Lachen wieder lernte. Und wie üblich im Märchen, ging alles gut aus. Der tüchtige Handwerksbursche bekam die schöne Prinzessin zur Frau. Welch´ ein Glück!

Später sprachen wir bei uns im Hotel nicht mehr von der Ausstellung, sondern von einer Glücksschweinchensammlung, denn sie sollte ja auf Dauer bei uns bleiben. Auch die Medien berichteten nach der Eröffnung wegen der Einmaligkeit dieser Sammlung und machten somit gleich Werbung für unser Haus, die wir gut gebrauchen konnten.

Unsere Kreativität kannte in unserem Schweinefieber in den folgenden Jahren keine Grenzen. Es verstand sich von selbst, dass unseren Gästen im Hotel auf Schritt und Tritt, aber immer diskret, Schweinchen begegneten, z. B. als Betthupferl auf dem Kopfkissen, als süßes Bonbon beim Bezahlen im Restaurant, als Maskottchen in der Speisekarte oder als Dekoration auf unseren

„Schweinebuffets".

Aber wie immer im Leben, hat alles seine begrenzte Zeit. Unser Schweinefieber hat sich irgendwie gegeben. Einige besonders große Exemplare unserer Schützlinge sind inzwischen auch umgezogen, nur an eine andere Stelle des Marienhofs, in ein Gästezimmer oder auf einen Flur.

Immer wieder dürfen wir es erleben, dass Hotelgäste nach ihren Tagesausflügen neue Glücksschweinchen für unsere Sammlung mitbringen, einfach so, aus Freude oder als Dankeschön. Einige haben uns sogar nach ihrer Abreise von Zuhause Päckchen mit Glücksbringern gesandt. Offenbar finden sie, dass diese bei uns in Gemeinschaft doch besser aufgehoben sind als einsam und verwaist bei ihnen daheim. Ja, wer ist und lebt schon gern allein!

Aber, so fragen Sie sich vielleicht, was hat das Schwein eigentlich mit dem Glück zu tun? Wie entstand das Glückssymbol Schwein?

Im allgemeinen Sprachgebrauch benutzt man das weibliche Schwein, die „Sau", immer nur herablassend, es sei denn, man lässt es ironisch oder spassig klingen, wenn man z. B. auf einer Feier „die Sau rauslässt". Ein „dummes Schwein" weiß auch jedermann einzuordnen. Aber was ist gemeint, wenn jemand „Schwein gehabt" hat? Hat er dann zu guter Letzt doch noch Glück gehabt wie der Rummelschütze, der für den letzten Platz als Trostpreis noch ein Schwein bekam? Das kann man so und so sehen. Doch das Symbol für den Trostpreis an der Schießbude verschmolz dann in den vergangenen Jahrhunderten mit dem viel wichtigeren Kennzeichen bäuerlichen Reichtums, nämlich der Anzahl der Schweine auf dem Hof als Ausdruck bäuerlichen Wohlstandes. Schwein(e) zu haben, war ganz einfach wichtig und bedeutete somit pures Glück. So kam es, dass das Schwein zum allgemeinen Glückssymbol wurde.

Es kann also bedeuten, dass eine Sache plötzlich viel günstiger und besser ausgeht als ursprünglich angenommen.

Wenn ich an den Herbst 1999 und meine damalige anfängliche Stimmung zurückdenke, dann kann ich heute wirklich sagen, dass tatsächlich alles so viel besser und günstiger kam als zeitweise angenommen. Gemeinsam mit unserem Team sind wir heute, nach 22 Jahren unseres Bestehens, stolz auf das Erreichte, eine gute Arbeitsgemeinschaft, haben Freude an der Arbeit und zufriedene Gäste.

Haben wir einfach Glück oder Schwein gehabt? Haben die vielen, verschiedenartigen Glücksschweinchen und die Liebe von Frau Holtz, die ja gratis mitkam, dazu beigetragen?

Ja, ganz bestimmt! Und dafür sind wir alle sehr, sehr dankbar!

Manche Gäste fühlen sich auch heute noch von dem einen oder anderen Glücksschweinchen inspiriert und lächeln bei dessen Anblick vor sich hin. Vielleicht nehmen sie ja auch ein Stückchen von dem Glück mit, das wir – und Frau Holtz – gerne mit ihnen teilen.

Nach dem Motto: Das Glück und die Liebe sind das Einzige, was sich verdoppelt, wenn man es teilt.

3. Rendezvous mit Ayurveda

Für mich war es nicht die „Zeit der Störche" oder wie für alle die Jahrhundertwende, für mich begann die Zeit der Seminare.

Meine Freundin Monika, die ich aus Kindertagen kenne, lud mich eines Tages ein, gemeinsam mit ihr und unserer Freundin Doris ein Katharsis-Seminar zu besuchen, das von einem ihr bekannten Yogalehrer gehalten würde und für unsere Entwicklung sehr förderlich sein könnte.

Irgendwie hatte ich das starke Gefühl, dass ich was Förderliches brauchte, und so entschloss ich mich zur Teilnahme. Das Wort Katharsis kommt übrigens aus dem Griechischen und bedeutet soviel wie Läuterung der Seele. Dabei geht es um das Loslassen innerer Spannungen und das Auflösen psychischer Konflikte bzw. körperlicher Blockaden. Davon ahnte ich aber im Vorfeld jedoch nichts. Während des Seminars erkannte ich zum ersten Mal in meinem Leben, wie viele Blockaden, wie viel Ungesagtes, wie viel Schmerz und Traurigkeit in mir steckten. Alles in mir schrie nach Befreiung und Loslassen. Es war dann so, als ob ein Wehr in mir geöffnet worden war, und von Stund´ an konnte es fließen. Es hat seitdem nicht aufgehört – das Fließen, die Veränderung, das Loslassen, das Erkennen und Lernen, täglich, immer wieder neu. Ein Prozess begann, der unumkehrbar war. Panta rhei.

Bald darauf besuchte ich gleich noch ein weiteres Seminar mit diesem wunderbaren Lehrer, der heute zusammen mit seinem Team ein Seminarzentrum im Harz betreibt.

In der faszinierenden Kulisse der Alpen und in einem Kreis von suchenden Menschen lernte ich, mich selbst wertzuschätzen, mein Herz zu öffnen und ehrlich zu mir selbst zu sein. Eine ganze Woche lang aßen alle Seminarteilnehmer nur selbst gekochtes, köstliches, vegetarisches Essen. Und ich fühlte mich großartig dabei. Ich war über die Schmackhaftigkeit vegetarischen Essens genauso überrascht wie über die vielen Möglichkeiten seiner Zubereitung. Hier bekam ich eine leise Ahnung davon, wie wichtig Ernährung für unser Wohlbefinden, für unseren Geist und unsere Gesundheit sein kann.

Während des Seminars durften alle Teilnehmer jeden Tag eine Engelkarte ziehen. Zu mir kam gleich am ersten Tag der Engel der Ehrlichkeit. So ein Quatsch, dachte ich, ich bin doch ehrlich! Am gleichen Tag machten wir eine gemeinsame Gruppenwanderung mit verbundenen Augen. Da ertappte ich mich dabei, wie ich immer wieder durch die Augenbinde zu schummeln versuchte, um nicht vom Weg abzukommen. Aha, es ging also darum, auch und vor allem ehrlich zu mir selbst zu sein, wenn ich vorwärts kommen möchte, das heißt, wenn ich erkennen und lernen wollte. Danke, lieber Engel!

Bei einer Wanderung durch die umliegenden Berge gesellte sich aus unserer Gruppe ein junger Mann, Rüdiger, an meine Seite. Zwischen uns kam gleich eine interessante Unterhaltung in Gang, die gar kein Ende fand. Unser Gespräch war so intensiv, dass ich die wunderbare Herbststimmung, die goldgelben, wärmenden Sonnenstrahlen und die Landschaft nur intuitiv wahrnahm. Er erzählte von seiner Indienreise, seinen Erlebnissen in dieser anderen Welt und seiner Begeisterung für eine Wissenschaft, die sich Ayurveda nannte. Ich hatte bis zu diesem Tag noch nie von dieser Lehre gehört, und doch war ich völlig fasziniert von seinen

Erzählungen. Ich spürte eine unbenennbare Sehnsucht in mir aufsteigen, die meinen ganzen Körper, meine Seele und meinen Geist durchdrang. Rüdigers Worte und seine Botschaft drangen wie ein gezielter Pfeil mitten in mein geöffnetes Herz, das höher zu schlagen begann, ganz so wie bei einem ersten Date mit einem Unbekannten.

Ich hatte mein erstes Rendezvous mit Ayurveda!

Es sollte sich daraus meine große Liebe entwickeln, die von Jahr zu Jahr immer fesselnder, interessanter, verständnisvoller und stärker wurde, zum Glück!

Am Ende des Seminars, am Tag des Abschieds, zog ich wieder eine Engelkarte. Diesmal war es der Engel des Mutes. Ja, den kann ich gebrauchen auf meinem Weg, der noch vor mir liegt, verrieten die Tränen in meinen Augen.

Jeder Gastronom oder Hotelier weiß, bestimmte Gäste merkt man sich. Das kann daran liegen, weil sie besonders freundlich, (un)zufrieden oder großzügig waren, weil sie spezielle Wünsche hatten oder ganz einfach wegen ihres Äußeren oder ihrer Worte.

Auch wir im Hotel Marienhof hatten solche auffälligen Gäste. Seit einiger Zeit kamen immer eine Dame und ein Herr zum Mittagessen, die ganz besondere „Allüren" hatten, wie wir dachten. Das Dessert oder den Kuchen wollten sie immer als ersten Gang, dann mitunter eine Suppe als Vorspeise und zuletzt den Hauptgang. Und alles musste vegetarisch sein. Meistens wünschten sie sich Gemüse und Reis in irgendeiner Kombination. Diesen Wünschen kamen wir dann auch gerne nach.

Damals boten wir in unserer gesamten Speisekarte gerade mal

ein fleischloses Gericht an, und auch das wurde selten verlangt. Mit der Zeit wussten wir, dass es sich bei diesen beiden Gästen um Frau Dr. Ritt und Herrn F. handelte, die beide scheinbar geschäftlich miteinander zu tun hatten.

Eines Tages sprach mich Frau Dr. Ritt an und erzählte mir, wie ihr Mann erst vor kurzem durch die Ausübung einer speziellen Meditation eine Spontanheilung erfahren hatte, nachdem er vergeblich versucht hatte, seine Probleme mit der Wirbelsäule schulmedizinisch behandeln zu lassen. Ich horchte auf, denn das klang überzeugend und ziemlich sensationell. Der Herr F. sei derjenige, der ihm die Meditation beigebracht hatte. Und weil sie beide so begeistert waren, boten sie nun vielen anderen auch an, diese Art der Meditation zu erlernen. Die Ausübung dieser Transzendentalen Meditation nach Maharishi Mahesh Yogi würde den Meditierenden so viele Vorteile bringen, z. B. mehr Ausgeglichenheit, weniger Stress, Senkung des Blutdruckes, einen besseren Schlaf, Beruhigung des Nervensystems, mehr Kreativität, mehr Freude und so vieles andere. Nichts Negatives, nur Gutes!

Also, das hörte sich super an und erinnerte mich gleich an das autogene Training, das ich schon zu DDR-Zeiten erlernt hatte, das mir oft eine große Hilfe beim Einschlafen oder bei kalten Händen und Füßen bot. Meine Intuition sagte mir, diese Meditation könnte die Methode sein, um sowohl mein privates als auch mein Berufsleben künftig mit weniger Stress und mit mehr Gelassenheit zu gestalten. In mir gab es keinen Zweifel, diese Meditation wollte ich auch erlernen.

Vielleicht haben Frau Dr. Ritt und Herr F. noch nie einen ihrer Klienten so schnell von ihrer Sache überzeugt wie mich. Aber ich habe es bis heute nicht bereut. Das tägliche, morgendliche und abendliche Meditieren, das ich seitdem regelmäßig praktiziere, ist wie Balsam, Medizin und göttlich zugleich.

Wie Menschenfischer haben Frau Dr. Ritt und Herr F. damals sehr Viele aus unserer Region zur Meditation geführt und sie über Monate begleitet. Viele Treffen fanden auch bei uns im Hotel in unserer „Bauernstube" statt. Darin haben manchmal 30 Leute und mehr gemeinsam meditiert - was für eine gewaltige Kraft.

Frau Dr. Ritt gab zur damaligen Zeit an der Volkshochschule in Neubrandenburg diverse Weiterbildungskurse über Ayurveda und ayurvedische Ernährung, die auch ich besuchte. Da Sie den Kursteilnehmern gerne die praktische Seite der ayurvedischen Ernährung vermitteln wollte, entstand ihre Idee, bei uns im Hotel Marienhof Abende zu organisieren, an denen die Teilnehmer nicht nur das theoretische Wissen über gesunde Ernährung vermittelt bekamen, sondern auch gleichzeitig ayurvedisch-vegetarische Menüs verkosten sollten.

Und diese ayurvedischen Menüs sollte ich kochen. Es schien, als ob ich spätestens jetzt mein zweites Rendezvous mit Ayurveda hatte, denn auch diesmal war ich aufgeregt wie beim ersten Mal. Doch Frau Dr. Ritt hatte mir ein ganz genaues Rezept und eine Kochanleitung geschrieben, so dass nichts schiefgehen konnte.

Bald traute ich es mir zu, auch ohne ihre Anleitung ayurvedisch zu kochen, denn ich betrieb nun ein intensives Selbststudium der ayurvedischen Kochkunst und las jetzt Ayurveda-Kochbücher wie früher Romane.

Einen großen Schritt nach vorne brachte mich dann auch noch der Besuch eines ayurvedischen Kochkurses bei dem bekannten

Ayurveda-Koch, Meditationslehrer und Buchautor Frank Lotz sowie meine Ausbildung am Campus Naturalis in Berlin zur ayurvedischen Gesundheits- und Ernährungsberaterin.

Inzwischen habe ich auch noch meine Ausbildung zur Ayurveda-Therapeutin absolviert und gebe selbst ayurvedische Kochkurse, Seminare und Massagen bei uns im Hotel Marienhof.

Heute können unsere Gäste bei uns täglich im À la carte aus einer Vielzahl ayurvedisch-vegetarischer Gerichte wählen, die im Laufe des Jahres auch immer wieder wechseln.

Da ich oft danach gefragt werde, sei an dieser Stelle gesagt, dass die ursprüngliche, authentische Lehre des Ayurveda tatsächlich nur die reine, fleischlose Ernährungsweise empfiehlt. In unserer westlichen Welt findet man jedoch in fast allen Ayurveda-Büchern und Lehrmeinungen Hinweise zum Verzehr von Fleisch, da es den Menschen die notwendige Erdung bringt.

Wer jedoch seiner spirituellen Entwicklung den Vorrang gibt, wird auf Fleisch verzichten.

4. Elementares

Wenn Sie verstehen wollen, wie Sie das ayurvedische Wissen im Alltag für Ihre Gesunderhaltung oder zur Regeneration nutzen können, brauchen Sie unverzichtbar ein paar grundlegende Kenntnisse, sozusagen als Voraussetzung für das Verständnis aller folgenden Ausführungen. Das mag etwas schwierig und ungewöhnlich erscheinen, aber es lohnt sich, die folgenden Zusammenhänge zu verstehen.

Jeder weiß, dass Wasser der Grundbaustein des Lebens ist, denn 70 Prozent unserer Erdkugel sind mit dem Wasser der Weltmeere und Ozeane bedeckt. Auch wir Menschen bestehen in Abhängigkeit von Alter und Geschlecht zu 50 bis 80 Prozent aus Wasser. Aber was heißt das? Dass wir alle täglich viel Wasser trinken müssen, um alle unsere Wasserdepots immer wieder aufzufüllen. Ja und nein; ich komme später darauf zurück. Und woraus besteht der Rest von uns? Warum sind wir alle so verschieden - wenn auch alle eins!?

Viel Kompliziertes und sehr Ausführliches habe ich über diese Thematik gelesen, aber erst auf einem Seminar erhielt ich eine so einfache und schöne Antwort hierzu. Die Erkenntnisse sind wirklich fundamental für das Verständnis über uns selbst, unsere Befindlichkeiten, unser Wohl- oder Kranksein.

Als aktive Teilnehmer des Seminars waren wir aufgefordert, alle Eigenschaften der 4 bekannten Elemente Luft, Feuer, Wasser und Erde, wie sie uns im Alltag begegnen, einfach aufzuschreiben. Gemeinsam mit unserer Ausbilderin Ananda trugen wir folgende

Ergebnisse zusammen, die sie dann teilweise noch ergänzte und die nachvollziehbar waren.

Luft ist klar, schnell, beweglich, lebhaft, unstet, unterwegs, sprunghaft, leicht, durchsichtig, hell, trocken, unruhig, kalt, kühl, rau, verteilend, formlos oder temperamentvoll.

Der Mensch kann Luft als Berührung wahrnehmen. Das Element Luft steht daher mit den Fähigkeiten unserer Sinne in einem Zusammenhang. Vieles ist im menschlichen Körper in Bewegung: alle Muskeln, das Herz, die Lunge, der Atem, die Nahrung, der Darm, die Ausscheidung, unsere Gedanken, Wünsche und alle Nervenimpulse zum und vom Gehirn.

Feuer ist warm, heiß, scharf, brennend, rot, gelb, licht, orange, beweglich, aktiv, veränderlich, leuchtend, kraftvoll, athletisch, temperamentvoll, aufstrebend, zielgerichtet, schnell, zügig und leicht ölig.

Das biologische Feuer im Menschen hat seinen Sitz im Solarplexus (Magengegend) und ist verantwortlich für die Körpertemperatur und alle Stoffwechselvorgänge. Es sorgt für Veränderung, steht mit dem Licht in Zusammenhang und somit auch mit dem Sehen.

Wasser ist feucht, schwer, dicht, tief, blau, beruhigend, kalt, einschmiegsam, hell oder dunkel, fließend oder stehend, unförmig, sehr kraftvoll und zusammenhängend.

Wasser ist für die Erhaltung des Menschen unabdingbar und findet sich im Zell- und Blutplasma, im Serum, im Urin und im Schweiß. Wasser ermöglicht dem Menschen das Schmecken. Jeder weiß, dass man ohne Feuchtigkeit auf der Zunge nichts schmecken kann.

Erde ist schwer, leicht feucht, rau, fest, statisch, platziert, träge, unbeweglich, ruhig, kalt, dunkel, gedämpft, kraftvoll, stämmig und beständig.

Das Element Erde erkennen wir in allen festen Bestandteilen unseres Körpers, also in den Knochen, den Knorpeln, Nägeln, Zähnen, Haaren und in der Haut. Es wird mit dem Geruchssinn in Verbindung gebracht.

Neben diesen 4 bekannten Elementen zählt der Ayurveda noch ein weiteres, fünftes Element zu den Grundbausteinen des Lebens, und zwar den Raum, auch Äther genannt.

Raum/Äther ist universell, leer, hohl, allgegenwärtig, alles umfassend, formlos und notwendig für's Leben.

Im menschlichen Körper finden wir Räume wie den Mund, die Nase, die Atmungsorgane, den Bauch, den Brustraum, den Magen und den Darm.

Nach den Lehren des Ayurveda sind diese 5 Elemente in der gesamten Schöpfung vorhanden, sowohl in der organischen als auch in der anorganischen Materie.

Der Mensch als Mikrokosmos der Natur besteht ebenso aus diesen fünf Elementen, allerdings in ganz unterschiedlichen Mengenverhältnissen, die dann das Individuum ausmachen.

Die Anteile der einzelnen fünf Elemente in uns sind ständigen Veränderungen ausgesetzt, denen wir täglich vielfältig begegnen können. Große Einflussfaktoren sind das Wetter, die Jahres- und Tageszeiten, das Alter, die Lebensgewohnheiten, die Ernährung und äußere Lebensumstände.

5. Die drei Doshas - unsere Lebensenergien

In der ursprünglichen Sprache des Ayurveda, dem Sanskrit, werden die drei Lebensenergien, die den Menschen ausmachen, **Doshas** genannt. Andere Übersetzungen lauten: Grundkräfte, Hauptkräfte oder Gemütsverfassungen.

Jeweils zwei der Grundelemente Luft, Feuer, Wasser, Erde und Raum/Äther verbinden sich zu einer Kraft, einer Lebensenergie, einem Dosha.

Luft	+	**Raum/ Äther**	=	**Vata (V)**
Feuer	+	**Wasser**	=	**Pitta (P)**
Erde	+	**Wasser**	=	**Kapha (K)**

Da alle 5 Grundelemente in jedem Menschen vorhanden sind, ist klar, dass die 3 Doshas Vata, Pitta und Kapha demzufolge auch in jeder Zelle, in allen Geweben und in allen Organen existieren müssen. Sie steuern nicht nur die biologischen, sondern auch alle psychischen und neurologischen Prozesse des Körpers, des Geistes und des Bewusstseins.

Das zweimalige Auftauchen des Elements Wasser, sowohl bei Pitta als auch bei Kapha, verwundert nicht, denn wir bestehen ja bekanntermaßen zum größten Teil aus Wasser.

Nach der Lehre des Ayurveda wird jeder Mensch mit einer bereits bei der Zeugung festgelegten Kombination von Vata, Pitta und Kapha geboren, die als **Grundkonstitution**, als der natürliche Zustand oder **Prakriti** bezeichnet wird. Welche Kombination entsteht, ist abhängig von den äußeren Umständen (z. B. von der Jahreszeit), den inneren Befindlichkeiten (z. B. ob Liebe oder nur Sex bei der Zeugung eine Rolle gespielt hat) und von den angeborenen Konstitutionen des Paares.

Die Grundkonstitution behält der Mensch ein Leben lang. Das heißt, sie verändert sich nicht im Laufe des Lebens, auch wenn manch´ einer glauben mag, dass dies bei ihm der Fall ist. Die wahrgenommenen Veränderungen sind immer nur Anzeichen für ein Ungleichgewicht. Es kann natürlich auch sein, daß jemand sein ganzes bisheriges Leben in Disharmonie gelebt und erst spät die Balance, sein wahres Ich, gefunden hat.

Der Mensch ist dann in Balance, wenn die bei seiner Zeugung festgelegte Verteilung von Vata, Pitta und Kapha gegeben ist. Das führt ganz klar zu der Schlussfolgerung, dass Balance für jeden etwas anderes bedeutet. Gerät der Mensch z. B. durch falsche Lebensgewohnheiten, zu viel Essen, zu wenig Bewegung, Stress u. a. Faktoren aus dem Gleichgewicht, dann stellen sich bei ihm zunächst Symptome und Störungen ein, die dann irgendwann zu handfesten Krankheiten werden können.

Den von der angeborenen Grundkonstitution abweichenden, **gestörten Zustand** nennt der Ayurveda **Vikriti**.

Unser Ziel sollte es immer sein, durch die Einhaltung von Lebensregeln und durch entsprechende Maßnahmen dafür zu sorgen, dass wir uns so wenig wie möglich vom natürlichen Zustand entfernen. Dies erreichen wir, indem wir auf alle ständigen Beeinflussungen (persönliches Umfeld, Alter, Wetter, Jahreszeiten usw.) richtig reagieren.

6. Typisch

Es gibt viele Systeme, mit deren Hilfe der Mensch kategorisiert wird. Bekannt ist zum Beispiel die Einteilung der Psychologie in Melancholiker, Sanguiniker oder Choleriker. Wenn man sagt, jemand ist Choleriker, dann weiß man, wie stark aufbrausend derjenige sein kann und dass er immer schnell „auf 180" ist. Im Ayurveda spricht man dann von einem Pitta-Übermaß, von einem überhitzten, feurigen Typ.

Vor Jahren hatte ich mich eine Zeitlang mit einer anderen Einteilung der menschlichen Charaktertypen beschäftigt, dem sogenannten Enneagramm. Auf sehr interessante Weise wird hier der Mensch entsprechend seines Charakters, seiner Vorlieben und Eigenschaften in 9 Typen eingeteilt. Ich fand mich selbst bei den Beschreibungen eines Typs auch wieder, was im Prozess meiner Selbstfindung damals sehr hilfreich war.

Begeistert war ich auch, als ich die Systematik des Maya-Kalenders nach Dr. Josè Argüelles kennenlernte, nach der jeder Mensch entsprechend der Zeitqualität seines Geburtstages einem der 20 Archetypen zugeordnet werden kann.

Aber dann entdeckte ich den Ayurveda, oder er mich. Die Faszination dieser Typenlehre übersteigt alles bisherige Wissen.

Man braucht sich nur die Eigenschaften der 5 Elemente anzuschauen, um für sich selbst zu sehen, welche Anteile in einem selbst vorhanden sind, welche überwiegen oder gar nicht präsent sind. Dann erkennt man, was für ein Typ man ist. Dabei wird herauskommen, dass wir in den meisten Fällen sogenannte Mischtypen sind. Zum Beispiel sind die Eigenschaften von Luft und Raum bei einem Vata-Pitta-Typ am stärksten vertreten, während die Eigenschaften von Feuer und Wasser an 2. Stelle stehen. Kapha dagegen spielt bei diesem Typ keine so vordergründige Rolle, wenngleich natürlich auch dieser Typ einen Körper hat und demzufolge auch Eigenschaften von Erde (und Wasser), aber in untergeordnetem Maße. Bei einem Pitta-Vata-Typ ist es genau umgekehrt; bei ihm herrscht Pitta vor, an 2. Stelle steht Vata und an 3. Stelle Kapha.

Dann gibt es den Typ, bei dem Kapha vorherrscht mit einer Kombination von Pitta und Vata. Alle möglichen Kombinationen sind vorstellbar, und keine ist besser oder schlechter als die andere. Den reinen Vata-, Pitta- oder Kapha-Typ gibt es selten, bei dem die anderen Doshas fast keine Rolle spielen. Und wenn doch, dann bringt das oft Probleme mit sich, weil diese Menschen dann auf ihre Weise mit Sicherheit sehr extrem sind.

Mit Hilfe von Fragebögen zu den verschiedenen Bereichen wie Körper, Geist, Intellekt und anderem können Sie Ihren eigenen Konstitutionstyp bestimmen. Dazu finden Sie im Internet verschiedene Ayurveda-Plattformen, auf denen Sie einfache oder umfangreiche Fragebögen einsehen und herunterladen können. Bei der Beantwortung der Fragen ist es wichtig, nicht Ihre gegenwärtigen, möglicherweise gestörten Befindlichkeiten festzuhalten, sondern wie Sie grundsätzlich (wie mit 20 Jahren) sind. Wenn Sie sich alleine nicht sicher sind, können Sie entsprechende Seminare oder Kochkurse besuchen.

Zur Integration des ayurvedischen Wissens in Ihr eigenes Leben ist das Kennen Ihres Typs eine Grundvoraussetzung.

6.1. Der 3-Dosha-Typ

Wer von Geburt an Vata, Pitta und Kapha zu genau gleichen Teilen in sich vereint, wird ein 3-Dosha-Typ (Tridosha-Typ) genannt. Manche meinen, diese Kombination sei gegenüber anderen vorteilhaft. Ich persönlich sehe das nicht so, denn jede Kombination hat ihre Vor- und Nachteile. Jeder sieht das dann immer noch ganz individuell, je nachdem, wie er sich selbst annehmen, akzeptieren und lieben kann. Ich kenne eine Reihe von Frauen, die von der Natur wunderbare Locken geschenkt bekommen haben, aber sie möchten unbedingt glattes Haar. Frauen ohne Locken wiederum tun alles, um lockender zu erscheinen, indem sie ihr glattes Haar in Tausende von kleinen Löckchen verwandeln.

Wie sieht nun ein 3-Dosha-Typ aus, woran ist er erkennbar?

Auf jeden Fall ist es kein Mensch der Extreme, sondern eher des Mittelmaßes. Es sei denn, ihm fehlt die innere Balance, d. h. er ist gestört.

Die 3-Dosha-Typen sehen auf keinen Fall alle gleich aus, haben gleiche Charakterzüge, gleiche Stärken und Schwächen usw.. Im Gegenteil, sie können sehr verschieden sein, je nachdem, welche typischen Eigenschaften sie jeweils von Vata, Pitta und Kapha übernommen haben. Nur die Anteile der Doshas sind gleich hoch.

Ich selbst bin so ein 3-Dosha-Typ, obwohl ich lange glaubte, ich sei ein Pitta-Typ. Dabei war nur mein Pitta stark erhöht; ich war aus dem Gleichgewicht geraten.

Ich bin mittelgroß, auch mein Körper ist von mittlerer Statur. Ich habe starkes, dickes, glattes und dunkelbraunes Haar, kräftige Augenbrauen, ein mittelstarkes Kinn, eine hohe Stirn und große Ohren. Ich schaue durch grün-braune Augen in diese Welt und sehe ziemlich starke Knochen in meinem Körper, was mir das Image einer nicht zierlichen, sondern einer kräftigen Frau gibt.

Meine Lehrer in der Schule haben mich grundsätzlich immer als ruhig, bescheiden, zurückhaltend und ausgeglichen beschrieben, was ich damals wohl auch war, gleichzeitig wissbegierig, fleißig, ordentlich und diszipliniert. Hört sich nach Gleichgewicht an.

Doch im Laufe meines Lebens hat sich dies in bestimmten Zeiten und Situationen doch drastisch verschoben. Wie bei fast allen kamen meine ersten Verschiebungen mit dem Anstieg der Hormone, mit dem Kennenlernen des anderen Geschlechts, also mit meiner Sturm- und Drangzeit, in der ich geradezu alles irgendwie übertrieb. Ich machte nicht eine Reise im Jahr, sondern viele (Bewegung/Vata), einen geregelten Tagesablauf gab es eigentlich nie (Unregelmäßigkeit/Vata), und mein Ehrgeiz (Hitze/Pitta) trieb mich zu Extremen.

Später kamen Kinder und Familie dazu, was zu einer starken Doppelbelastung führte. Alles zusammen ergab ein gleichzeitiges Vata-, Pitta- und Kapha-Übermaß, was sich darin äußerte, dass ich ständig gestresst (V) war, häufig und schnell aufbrauste (P), wenn etwas nicht klappte oder nicht nach meinen Vorstellungen lief. Dabei litt ich ständig unter großem Zeitmangel. Mit den Auswirkungen schadete ich natürlich nicht nur mir selbst, sondern natürlich auch meiner ganzen Familie, meinen Kollegen, Mitstreitern und anderen.

Deutliche Anzeichen für mein Ungleichgewicht waren jahrelange

Hautprobleme. Es juckte mich an Armen und Händen, und ich kratzte so lange, bis es anfing zu bluten (P). Beschwerden wie Schlafstörungen (V), Schmerzen in den Muskeln (V), Blähungen (V) und Bluthochdruck (P) stellten sich ein. Und trotz (besser wegen) des Stresses nahm ich auch noch an Gewicht zu (K).

Immer wenn wir ein Übermaß, also ein erhöhtes Vata, Pitta oder Kapha haben, kommt es zu Störungen. Dabei ist es so, dass das Dosha mit dem höchsten Anteil in uns fast immer als erstes oder ständig Sorgen macht.

Da bei mir als 3-Dosha-Typ von Geburt an alle 3 Doshas gleich hoch verteilt sind, war es nicht verwunderlich, dass auch alle 3 gleichzeitig aus dem Ruder liefen.

Aber zum Glück hatte ich ja den Ayurveda kennengelernt, der mein ganzes Denken veränderte und mein Leben wieder in sinnvolle Bahnen lenkte.

In der akuten Schmerzphase, nachdem kein Arzt mir hatte helfen können, trotz vielfacher Medikamente und Untersuchungen auf Fybriomalgie, war „zufällig" eine Ayurveda-Ärztin bei uns im Hotel zu einer Vortragsreihe. Ich nutzte die Gelegenheit zu einem persönlichen Gespräch mit ihr, in dem ich sie um Hilfe bat. Unser Gespräch und ihre Pulsdiagnose bei mir ergaben, dass ich ein 3-Dosha-Typ bin und zu dem Zeitpunkt durch körperliche und mentale Überlastung völlig aus dem Gleichgewicht geraten war. Dies hatte sich bereits körperlich in meinen Beschwerden manifestiert. Sie gab mir Ratschläge zur Entgiftung meiner Leber, empfahl mir dringend tägliche, regelmäßige Meditation und zwei ayurvedische Kräuterpräparate, eines davon mit dem Namen Vata-Balance.

Nachdem ich beide Präparate drei Monatelang eingenommen

hatte, fühlte ich mich wie neugeboren und endlich wieder schmerzfrei. Ich fand meine Ausgeglichenheit wieder und konnte meine Energie nun für konstruktive und kreative Dinge einsetzen, musste sie nicht für Kampf, Streit und andere unnötige Denk- und Handlungsweisen verschwenden.

Neben diesen Mitteln half mir auch ganz besonders die tägliche Meditation, die beste Empfehlung des Ayurveda bei Stress, psychischen und körperlichen Belastungen und Ungleichgewicht im Allgemeinen.

6.2. Typisch Vata

An meinem persönlichen Beispiel habe ich zeigen wollen, wohin insbesondere ein Vata-Überschuss führen kann.

Dabei muss man wissen, dass Vata von allen 3 Doshas sozusagen das **Hauptdosha** ist, das die beiden anderen Doshas Pitta und Kapha beeinflusst.

Wie Sie bereits wissen, gehört zu Vata alles im Menschen, was sich bewegt, das Blut, der Atem, das zentrale und das vegetative Nervensystem, das Gehirn und der Verstand. Da können Sie sich gut vorstellen, welche Auswirkungen eine Störung in einem dieser Bereiche dann auch auf andere Teile des Körpers oder der Psyche haben kann.

Bis zu 90 % aller Störungen/Krankheiten, die wir erleiden, sind deshalb primär Vata-Störungen, auch wenn sie sich als Pitta- oder Kapha-Störungen zeigen. Deshalb ist es oberstes Gebot, auf ein ausgeglichenes Vata zu achten. Bei einer Störung, die primär

Vata bedingt ist, muss als erstes Vata ausgeglichen werden und erst dann die anderen Doshas.

Vata wird auch das **Prinzip der Bewegung** genannt. Das können Sie gut verstehen, wenn Sie sich noch einmal die Eigenschaften der Elemente Luft und Raum/ Äther vor Augen führen (S. 38 ff).

Seinen **Hauptsitz** hat Vata im **Dickdarm**, d. h. hier machen sich Störungen in der Regel zuerst bemerkbar.

Während meiner Ausbildung zur ayurvedischen Gesundheits- und Ernährungsberaterin erfuhr ich noch einmal in eindringlicher Weise die Bedeutung von Vata als Haupt-Dosha.

Alle Teilnehmer der Gruppe sollten mit Hilfe eines Fragebogens ihren Typ bestimmen. Unter uns war eine ganz junge, ziemlich übergewichtige (K) Frau, die bei ihrem Test zu dem Ergebnis kam, sie sei ein Kapha-Typ. Sie war zwar übergewichtig, hatte aber ansonsten rein äußerlich keinerlei Anzeichen von Kapha. Das heißt, sie hatte zierliche Gesichtszüge, kleine Hände und Füße, und sie wirkte keineswegs ruhig und sanft, sondern eher aufgedreht (V). Es stellte sich zu guter Letzt heraus, dass sie ein Vata-Kapha-Typ mit einer hohen, gegenwärtigen Vata-Störung war, die in ihrem Fall auf Grund von Stress zu einer so starken Kapha-Erhöhung geführt hatte, manifestiert im so stark erhöhten Körpergewicht.

In der Hotellerie und Gastronomie ist die Fluktuation der Angestellten und Mitarbeiter allgemein sehr hoch. Junge Leute wollen nach der Lehre oder später gerne auch noch in anderen Häusern, mitunter auch im Ausland Erfahrungen sammeln und wechseln deshalb häufig ihre Arbeitsstelle. Andere sind den hohen Anforderungen des Schichtdienstes, der Wochenend- und Feiertagsarbeit nicht gewachsen und gehen dann in eine ganz andere Branche. Und natürlich gibt es auch diejenigen, die nach einiger Zeit merken, dass sie im Dienstleistungsgewerbe völlig fehl am Platz sind, weil ihnen der freundliche Umgang mit vielen Menschen schwer fällt und sie nicht die innere Einstellung haben, wirklich für den Gast da sein zu wollen.

Letzten Endes ist es typabhängig, ob jemand am richtigen Arbeitsplatz ist oder nicht. Ein Pilot, der im Monat mehrfach die Erde umrundet (Bewegung/V) und von Natur aus ein sehr hohes Vata hat, könnte durchaus Vata-Probleme bekommen. Dagegen ein Kapha-Typ eher nicht, denn der braucht viel Bewegung, um seine Schwere zu überwinden.

Eine ehemalige Mitarbeiterin unseres Hotels war eine typische Vata-Frau. Von Anfang an erwies sie sich als fleißige und flinke Arbeiterin, die sich nicht schonte und fest mit anpackte. Ich lernte sie als große und schlanke Frau mit einem leichten, aber knochigen Körperbau, blauen, freundlichen Augen, einem markanten Gesicht und leicht welligem Haar kennen. Trotz ihrer Freundlichkeit war ihr Händedruck eher kühl und hart, ihre Haut spröde und trocken.

Aus ihren Erzählungen wusste ich, dass sie gerne und viel reiste. Auffallend war ihre ständige Bereitschaft zur Konversation. Langweilig wurde es mit ihr nie, denn sie hatte immer etwas zu erzählen und konnte aber auch ebenso interessiert zuhören.

Da sie bislang nur wenige praktische Erfahrungen in der Branche hatte, bediente sie zunächst nur die Gäste beim Frühstück. Aber bald war sie in der Lage, auch alle anderen Arbeiten im Restaurant und an der Rezeption in bester Qualität zu erledigen.

Ihre stetige Lernbereitschaft, ihre schnelle Auffassungsgabe und insbesondere ihre humorvolle Art sowie ihre Kontaktfreudigkeit gegenüber den Gästen machten sie zu einer erfolgreichen und auch bei den Gästen sehr beliebten Servicekraft.

Durch ihr dynamisches, aber immer sehr freundliches und kollegiales Auftreten, ihre bewegte Art und ihr kommunikatives Wesen eroberte sie stets die Herzen aller Gäste und ihrer Mitstreiter. Sie beteiligte sich aktiv und ideenreich am Betriebsgeschehen und zeigte sich an allem sehr interessiert. Allerdings war sie öfter mal „durch den Wind", wie man so schön sagt, wenn ganz besonders viele Gäste im Haus und die Anforderungen sehr hoch waren. Dann wurde sie hibbelig, nervös und hektisch. Und ihren Stress verbreitete sie dann ungewollt im ganzen Hause.

Wenn dann noch private und familiäre Probleme hinzu kamen, die sie auch auf der Arbeit nicht loslassen konnte, schien sie mir ziemlich ratlos und wie entwurzelt. Mit der Zeit zeigte sich, dass sie nervlich ziemlich angeschlagen war, sich überlastet und energielos fühlte, was sie auch zum Ausdruck brachte. Ich konnte es gar nicht nachvollziehen, weshalb sie von der Arbeit allein so kaputt sein wollte. Ich suchte deshalb das persönliche Gespräch mit ihr. Da erzählte sie dann von ihren privaten Belastungen und den Ängsten, die sie quälten. Gemeinsam unterhielten wir uns öfter über ihre Probleme, die sie zu bewältigen hatte. Aber es schien irgendwie immer schlechter zu werden. Nach eigenen Aussagen konnte sie in Extremsituationen nachts nur wenig oder gar nicht schlafen, bekam dann sehr trockene Haut (Ekzem) und litt ständig unter kalten Händen und Füßen. Auch Ohrenschmerzen standen immer wieder bei ihr auf der Tagesordnung. Sie konnte nur unregelmäßig essen, da sie vielfach unter starken Blähungen im Bauchraum/Dickdarm, Verstopfungen und generell unter Verdauungsproblemen litt.

Irgendwie kam sie mit ihrer Gesamtsituation nicht zurecht. Wenn alle anderen aßen, dann lehnte sie oft das Essen ab, weil es ihr nicht gut ging und sie mal wieder Magen- oder Darmprobleme oder einfach keinen Appetit hatte.

In einem kleinen Haus wie unserem ist es naturgemäß so, dass eine Servicekraft und der Koch erst dann Pause machen können, wenn alle Gäste versorgt sind. Dadurch werden die Essenszeiten des Personals ständig verschoben. Manchmal fallen die Mahlzeiten ganz aus, oder sie werden im Stehen nebenbei eingenommen. Wenn zu solchen Unregelmäßigkeiten dann noch zu wenig Schlaf und andere Einschränkungen hinzu kommen, dann braucht man auf die Folgen nicht lange zu warten.

Es war abzusehen, dass unsere Mitarbeiterin diesen täglichen Anforderungen, gepaart mit dem unregelmäßigen Lebensstil, Hektik, Stress und Ängsten, auf Dauer nicht mehr gewachsen war. Sie verließ deshalb unser Haus. Sie wechselte zu ihrem Vorteil die Branche und suchte sich eine Arbeit, die ihr mehr Regelmäßigkeit und Ruhe garantierte.

Da der Hauptsitz von Vata in unserem Körper der Dickdarm ist, zeigen sich Vata-Probleme meist hier zuerst. Auch Blähungen (Luft) sind ein untrügliches Zeichen für Vata-Störungen. Alle hier genannten Probleme/Störungen sind ganz typisch für Menschen mit einem besonders hohen Vata-Anteil, wenn sie aus dem Gleichgewicht geraten sind. An den Störungen sehen wir auch, wie das Element Raum/ Äther beteiligt ist, nämlich in den (Hohl) Räumen Ohr und Bauch.

Am Beispiel dieser ehemaligen Mitarbeiterin von uns können Sie das Wesentliche und Auffällige an Menschentypen, bei denen das Vata-Dosha von Natur aus das stärkste ist, gut erkennen.

Alles in ihrem Leben ist ständig in Bewegung, Wechsel und Veränderung inbegriffen. Sie brauchen diese starke Bewegung, damit das hohe Niveau von Vata entsprechend ihrer Konstitution immer erreicht und beibehalten wird. Aber leider übertreiben sie es meistens damit, steuern nicht genügend und nicht rechtzeitig durch Ruhe oder Regelmäßigkeit dagegen und geraten so ins Taumeln.

Um speziell ein zu starkes Ansteigen von Vata zu vermeiden oder um es wieder auszugleichen, sollten Sie Folgendes beherzigen:

- Sorgen Sie für eine Tagesroutine mit regelmäßigen Schaf-, Essens- und Arbeitszeiten. Dabei sollten sich Ihre Ruhe- und Aktivphasen immer die Waage halten.

- Übertreiben Sie es nicht mit Ihrem hohen Bewegungsdrang. Bewahren Sie immer die Ruhe!

- Meiden Sie Kälte in jeder Form für Ihren Körper. Halten Sie sich jederzeit warm.

- Essen und trinken Sie möglichst dreimal am Tag Warmes (keine Rohkost, keine kalte Nahrung) und trinken Sie viel.

- Bevorzugen Sie Getreideprodukte u. a. süße Nahrung.

6.3. Typisch Pitta

Der Ayurveda bezeichnet Pitta als das **Stoffwechselprinzip**, das Prinzip des Feuers, die Energie der Erhitzung. Alle biochemischen Vorgänge und Veränderungen gehören zu Pitta, also alles rund um die Verdauung. Pitta reguliert die Körpertemperatur, die

Vitalität und den Appetit. Ohne Pitta könnten wir nicht leben. Aber nicht nur die Nahrung wird durch Pitta verdaut, auch alle Gedanken, Eindrücke und Erlebnisse.

Entsprechend der sehr gegensätzlichen Eigenschaften von Feuer und Wasser (S. 38), die Pitta ausmachen, kann der Pitta-Typ sehr facettenreich und in seinen Ausdrucksformen sehr extrem sein.

Ist Pitta im Gleichgewicht, ist das für die Intelligenz, das Lernen und das Verstehen sehr förderlich. Im Ungleichgewicht dagegen fördert es negative, feurige Emotionen wie Wut, Eifersucht, Hass, Ungeduld und unmäßige Kritiksucht zutage.

Der **Hauptsitz von Pitta** im Menschen ist der **Dünndarm** und der **untere Teil des Magens**. Störungen zeigen sich zumeist erst hier.

Ich hatte gerade mein Mittagsgeschirr in die Küche gebracht, da sah ich vom Fenster unserer Hotelküche aus, wie ein „dickes", rotes Auto vorfuhr, mit einem einzelnen Herrn darin. Das Auto erschien mir protzig, mit tiefliegender Karosse, offenem Dach und vielen auffälligen Extras. Der Mann, der aus dem Auto ausstieg, machte auf mich einen sehr zielstrebigen Eindruck. Wahrscheinlich wieder ein Vertreter, dachte ich, der seinen Umsatz durch uns steigern möchte.

Gleich darauf riss eine Mitarbeiterin mich aus meinen Betrachtungen. „Da ist ein Herr, Frau Opitz, der Sie dringend sprechen möchte, wegen unserer Anfrage beim Arbeitsamt."

Ach so, ja, wir suchten mal wieder eine neue Köchin oder einen neuen Koch. Der vorherige hatte sich als unzuverlässig und für solch´ eine Schlüsselposition als geradezu verantwortungslos erwiesen. Na, da bin ich ja mal sehr gespannt, aber ich hatte eigentlich gar keine Zeit.

Vor mir stand eine imposante Persönlichkeit, selbstbewusst und freundlich – der Herr mit dem dicken, protzigen Auto mit den den vielen Extras.

Sein fester Händedruck ließ Willenskraft und Stärke erahnen. Ich hatte einen schlanken Mann zwischen 40 und 50 Jahren mittlerer Größe vor mir, mit dünnen, rotblonden und zum Teil schon ergrauten Haaren. Aus seinem Gesicht mit heller Haut voller Sommersprossen, mit hoher Stirn und spitzer Nase strahlten mich hellbraune Augen an, die mir sagen wollten, da bin ich. Ein Gockel in seinem schönsten Gefieder – so musste er aussehen.

„Bitte entschuldigen Sie, dass ich hier so ganz unangemeldet erscheine. Aber ich habe heute auf dem Arbeitsamt von Ihrer Stellenausschreibung erfahren und wollte die Gelegenheit gleich nutzen, um mich persönlich bei Ihnen vorzustellen. Ich bin Koch mit langjähriger Erfahrung in der Gastronomie, ich liebe es zu kochen und bin mir sicher, dass ich Ihre Erwartungen erfüllen kann.“

Während ich mich in meinen Vorstellungen über einen so aufgeplusterten Gockel erging, ließ ich ihn sprechen, gab ihm dann aber gleich zu verstehen, dass wir eine ganze Reihe von Bewerbern hätten und wir gerne für kommende Woche einen persönlichen Gesprächstermin mit ihm vereinbaren könnten.

Seine Gesichtszüge schalteten sofort von Euphorie auf vornehme Zurückhaltung um. Ich konnte förmlich seine Enttäuschung im Gesicht ablesen und spürte eine beinahe feindselige Haltung mir gegenüber. Wie konnte ich es wagen, seiner Großartigkeit und seinem Charme zu widerstehen, anstatt ihm gleich auf der Stelle einen Arbeitsvertrag anzubieten.

Doch er musste sich weiter in Geduld üben und kam dann auch pünktlich zu seinem vereinbarten Vorstellungsgespräch in der nächsten Woche – mit Blumen, versteht sich. Ich hatte es fast befürchtet. Womit sonst hätte er seinen Charme vom letzten Gespräch noch überbieten können?

In seiner redegewandten, selbst darstellenden, aber auch spassigen Art machte er mir klar, dass er allen Anforderungen voll gewachsen sei, vor keinen Mühen und vor gar keiner Arbeit zurückschrecke, und auch der tägliche Teildienst sei für ihn kein Hinderungsgrund. Interessiert am Hotel und seinen Abläufen, warf er natürlich auch einen tiefen Blick in unsere Speisekarte und gab mir gleich zu verstehen, dass da viel zu verbessern sei, womit er durchaus recht hatte.

Endlich mal jemand, der sich Gedanken macht und seine eigene Kreativität im Geschäft zum Tragen bringen möchte. Ich freute mich, das zu hören.

Sein Enthusiasmus und seine Bereitschaft, sich mit seiner Arbeit und seinen Leistungen bei uns einbringen zu wollen, hinterließen einen nachhaltigen Eindruck bei mir. Im Gegensatz zu anderen Bewerbern, denen es offensichtlich nur um einen ruhigen Job zum Geldverdienen oder sogar nur um eine Alibibewerbung für´s Arbeitsamt ging.

Nachdem alle Bewerbungsgespräche geführt waren, alles Für und Wider genau abgewogen und ausgewertet worden war, entschieden wir uns dann doch, den selbstbewussten „Herrn mit dem roten Auto und den Extras" einzustellen, obwohl er nicht mehr der Jüngste war. In seiner Probezeit konnte er ja beweisen, was wirklich in ihm steckt.

Mit einem klaren Konzept seinerseits, das er vorlegte, änderten wir sofort unsere Speisekarte, was heißen sollte, von jetzt an fegen hier neue, meine Besen in dieser Küche. Er konnte ohne Zweifel hervorragend und sehr geschmackvoll kochen und sogar backen, da hatte er nicht zu viel versprochen. Er nahm seine Aufgaben sehr ernst, war gewissenhaft und peinlich genau beim Zubereiten der Speisen und beim Anrichten der Teller. Ich möchte fast behaupten, er war ein Perfektionist. Alles sollte hundertprozentig stimmen: die Gäste sollten zufrieden sein, die Chefin sollte ihn loben, und er selbst wollte somit auch guter Dinge sein. Soweit so gut.

Sein Einsatz und seine anfangs gezeigte Kreativität gefielen mir sehr gut. Erst viel später stellte sich heraus, dass seine Ideen nur einfach übernommene Kopien aus anderen Gasthäusern waren, die nicht unbedingt in unser Haus passten. Unser „Gockel" schmückte sich also gerne mit fremden Federn und neigte ganz eindeutig zur Selbstüberschätzung.

Trotzdem, bei allen hier und da anfallenden Problemen und Themen begeisterte mich sein scharfer Intellekt, der imstande war, alles glasklar zu formulieren und sich an alles genau zu erinnern. Was mir aber bald zu denken gab, war seine beinahe aggressive Art, in der er seine festen Überzeugungen vor uns ausbreitete, die natürlich wenig Spielraum für Toleranz und Meinungsvielfalt zuließ.

In unserer relativ kleinen Hotelküche muss der Koch häufig alle anfallenden Arbeiten in Kombination selbst oder mit einem Lehrling erledigen. Es sei denn, es sind so viele Gäste angesagt, dass ein zweiter Koch und/ oder eine Hilfsköchin erforderlich sind. Es bedarf großer praktischer Erfahrung und einer hohen Ordnungsdisziplin, um diesen Anforderungen gerecht zu werden.

Es gleicht einer Kunst, die man beherrschen muss, will man den Wünschen der Gäste voll gerecht werden und selbst nicht im Küchen- oder Nervenchaos versinken.

Mit diesen Herausforderungen hatte unser Koch ein großes Problem. Viel lieber wäre es ihm gewesen, er hätte alle Aufgaben delegieren können, da wäre er der geeignete Manager gewesen. Aber er musste nun selbst ran. Die Situation gestaltete sich für ihn zunehmend unangenehm. Mit der Zeit wurde er immer gereizter und überempfindlicher. Der kleinste Anlass genügte, und die in ihm lodernde Flammte drohte zu explodieren und um sich zu greifen.

Hinzu kam der Umstand, dass er als Koch die meiste Zeit in der Küche und insbesondere am Herd einer großen Hitzebelastung ausgesetzt war und er somit übermäßig schwitzte. Er trank Unmengen an Flüssigkeiten, was an sich bei der so großen Wärmeeinwirkung natürlich und gut ist. Wie ich aber später erfuhr, hatte das auch noch andere Ursachen.

Für ihn als Pitta-Typ erwies sich seine Arbeit als sehr ungünstig, da seine Hitze in ihm ohnehin schon im Normalfall sehr hoch war. Sein gewählter Arbeitsplatz am Herd war demzufolge für ihn sehr ungeeignet. Ob er selbst das auch wusste?

Unser Koch hatte großartige Ideen, die sich aber leider bei uns nicht so leicht durchsetzen ließen, wie er es wollte. In der Hoffnung auf sehr viele Gäste bereitete er gleich zu Beginn seiner Schicht so viele Salate und Garnituren vor, dass sie noch für 3 Tage gereicht hätten. Da sie aber natürlich frisch sein sollten, konnte er die Reste täglich nur noch entsorgen. Aus betriebswirtschaftlicher Sicht war das für mich nicht akzeptabel. Ich ermahnte ihn und bat darum, alle Salate und Garnituren künftig immer nur frisch bei Bestellung und Bedarf zuzubereiten. Das freute ihn aber gar nicht, denn es passte nicht in sein festgefahrenes Schema. Nur sehr widerwillig war er bereit, von seiner langjährigen Angewohnheit abzulassen, seine Sturheit zu überwinden, neue Wege zu gehen und sich selbst zu verändern. In ähnlichen Situationen, in denen es nicht nach seinem Kopf ging, bekam er in der Folgezeit oftmals Wutanfälle, unter denen seine Mitstreiter und zu guter Letzt auch unsere Gäste litten. Es gab Tage, an denen er sich ganz besonders gereizt zeigte. Da flogen dann sogar Töpfe und Pfannen in der Küche, so dass es im ganzen Hause nur so schäpperte.

Ein altes ayurvedisches Sprichwort sagt, dass das Essen ein Spiegelbild des Bewusstseins der Köchin oder des Koches ist. Wenn man eine Speise zu sich nimmt, die jemand mit Freude und Liebe gekocht hat, dann spürt man das im Essen.

Ich fand den Gedanken, dass unsere Gäste auch nur irgendetwas von der Wut unseres Kochs gereicht und mitbekamen, einfach nicht akzeptabel. Der Gipfel war erreicht, als er abends die Küche unverrichteter Dinge, also unaufgeräumt verlassen hatte und die Frühschicht am Folgetag sein hinterlassenes Chaos beseitigen musste. Spätestens jetzt hatten auch seine Mitstreiter die Nase voll, und ich musste eingreifen. Nun erfuhr ich auch von den Mitarbeitern, dass er schon über längere Zeit und auch während der Arbeit Alkohol trank und er des öfteren sogar unter Alkoholeinfluss mit seinem Auto nach Hause gefahren war.

Schlagartig wurde mir vieles klar: seine Gereiztheit, seine Wutausbrüche, sein ständiger Durst und auch seine häufige Ablehnung, wenn wir alle aßen und er keinen Appetit hatte. Er begründete seine Appetitlosigkeit damit, dass ihm sein Magen schmerzte, was sicher auch tatsächlich der Fall war.

Nachdem ich ihn zur Rede gestellt hatte, war ihm selbst klar, dass sein Arbeitsverhältnis beendet war und seine Karriere bei uns als gescheitert betrachtet werden musste.

Übrigens hatte er trotz allem seinen Charme bis zum Schluss beibehalten. Zu allen Anlässen gab´s immer Blumen für die Frauen oder Kuchen, den er selbst Zuhause gebacken hatte. Geschah dies aus reiner Nächstenliebe, oder um bewundert zu werden, fragte ich mich.

Pitta-Typen haben natürlicherweise das unbedingte Verlangen, ihr von Geburt an hohes Pitta ständig auf einem hohen Niveau zu halten. Dazu brauchen sie im übertragenen Sinne Schärfe jeder Art, beim Essen, Trinken, in der Sprache, im Verhalten und in den Emotionen. Der Alkohol scheint ihnen da ein legitimes Mittel zu sein, aber zu welchem Preis?! Das soll natürlich keineswegs heißen, dass alle Pitta-Typen Probleme mit Alkohol haben.

Um ein Ansteigen von Pitta zu vermeiden oder um es wieder auszugleichen, empfiehlt der Ayurveda Ihnen folgende Regeln:

- Meiden Sie grundsätzlich Hitze und übermäßigen Dampf.

- Um dem Entstehen von zu viel Hitze/ Feuer im Körper und im Geist vorzubeugen, finden Sie das für Sie richtige Maß der „Entschärfung", z. B. beim Sprechen, Würzen oder Salzen.

- Sorgen Sie bei Bedarf für Abkühlung, durch entsprechende Kleidung, Belüftung oder durch kühle Getränke.

- Vermeiden Sie möglichst Aufregung und Stress.

- Überanstrengen Sie sich nicht.

6.4. Typisch Kapha

Kapha wird auch das **Strukturprinzip** genannt. Es ist mit den Elementen Erde und Wasser die Energie, durch die alle Körperzellen zusammengehalten und geformt werden.

Mit seinen Eigenschaften von Erde und Wasser (S. 38 ff) steht Kapha für Stabilität, Kraft, Stärke und Leistungsfähigkeit. Es ist verantwortlich für geschmeidige Gelenke, Feuchtigkeit der Haut, eine intakte Immunabwehr, Heilung von Wunden und Wachstum generell. Auf der psychischen Ebene sorgt es für Ruhe, Liebe und Ausgeglichenheit, kann aber bei Störungen auch zu Anhaftungen an Menschen und Dinge, zu Gier und Neid führen.

Der **Hauptsitz** von Kapha im menschlichen Körper ist der **obere Magen** und der **Brustraum.** Hier zeigt sich ein Zuviel an Kapha in der Regel zuerst.

Bei uns in der westlichen Welt gibt es nicht so viele Kapha-Typen wie in anderen Kulturen, wo Ruhe und Gelassenheit oberste Priorität haben.

Bei fast allen von uns dominiert eher Vata (Bewegung) und/oder Pitta (Feuer). Und die relativ wenigen Kapha-Typen sind oftmals auch nicht im Gleichgewicht.

In den ersten Jahren unseres Bestehens gaben sich Vertreter der verschiedensten Branchen und Betriebe im wahrsten Sinne des Wortes bei uns die Klinke in die Hand. Der Kampf um Kunden war entbrannt. Alle wollten möglichst viel verkaufen. Da der Markt irgendwann so gut wie aufgeteilt war, gestalteten sich die

Anfragen und Vertreterbesuche mit ihrer Unnachgiebigkeit teilweise für uns sehr unangenehm. Aber an eine Vertreterin erinnere ich mich noch heute mit Freude und Wohlwollen, denn sie war etwas ganz Besonderes, rein äußerlich und auch in ihrem Verhalten.

Als Repräsentantin eines großen Lieferanten für Gastronomie stellte sie sich eines Tages bei uns vor. Man kann sagen, dass sie ein sehr einnehmendes Wesen hatte. Der ganze Raum war durch ihre Erscheinung und ihr freundliches Wesen erfüllt, alles andere dagegen verblasste.

Für ihr junges Alter von 25 Jahren wirkte sie ziemlich reif. Alles schien irgendwie rund und weich, aber sehr liebreizend an ihr zu sein, ihre kräftige, aber gut geformte Figur und ihr Gesicht mit einem liebevollen Lächeln. Mit ihren mandelförmigen, tief dunkelbraunen Augen, umrahmt von langen schönen Wimpern und wohlgeformten Augenbrauen, zog sie nicht nur meine ganze Aufmerksamkeit auf sich. Auch die Nase und der Mund waren ebenso formvollendet und angenehm anzusehen. Ihr schwarzes, kräftiges und halblanges Haar trug sie selten offen, meistens schwungvoll zum Zopf gebunden.

Ihr sanfter, angenehmer Blick und ihre ebenso weiche wie freundliche Stimme strahlten stets Ruhe aus und gaben unseren Gesprächen immer die notwendige Gelassenheit, aber auch Tiefe. Da dauerte ein Verkaufsgespräch mitunter nicht nur 30 Minuten, sondern gerne schon mal 2 Stunden oder länger. Sie trug ihr Herz förmlich auf der Zunge und erzählte gerne und viel, auch aus ihrem Privatleben.

Was unsere Geschäftspartnerschaft zwischen ihr als Lieferant und uns als Käufer anbetraf, lief alles bestens. Mit dem größten

Einfühlungsvermögen, zuvorkommend und mit viel Verständnis für unsere wechselnden Wünsche und Belange als relativ kleiner Gastronomiebetrieb bot sie uns ihre diversen Waren an, fand die passenden Größen und Mengen bzw. Schlupflöcher und Tricks, wenn wir Regeln umschiffen mussten.

In ihrer Art war sie die geborene, erfolgreiche Verkäuferin, die mit Begeisterung und Überzeugungskraft nicht nur bei uns gute Umsätze erzielte, sondern auch zufriedene Kunden und sicher auch einen zufriedenen Boss hatte.

Wir waren voll des Lobes ihr gegenüber und bedankten uns stets für die gute Zusammenarbeit, mit Worten und auch mit Einladungen zum gemeinsamen Kaffee und Kuchen. Dann revanchierte sie sich jedes mal in doppelter Weise. Unsere Einladungen nahm sie gerne an. Dabei machte sie kein Geheimnis daraus, dass sie gerne und mit Leidenschaft aß. Sie erzählte mir, dass ihre Lust auf Süßes in letzter Zeit fast schon zu einer Sucht geworden sei. Mit einem unbändigen Heißhunger würde sie Süßigkeiten und andere ungesunde Sachen in sich hinein stopfen. Danach fühle sie sich zusehends immer träger und müde. Aus diesem Grunde lege sie ihre Geschäftstermine nie auf die frühen Morgenstunden, sondern immer erst auf den späten Vor- und Nachmittag. Ohne einen kräftigen Kaffee zur Aufmunterung gehe bei ihr morgens gar nichts.

Mit der Zeit konnten wir deutlich beobachten, wie sich durch ihr Essverhalten ihre Rundungen zu ausgewachsenen Fettpolstern entwickelten, die ihr selbst irgendwann am allerwenigsten gefielen. So versuchte sie dann mit spontanen Saunabesuchen, Diäten und sportlichen Aktivitäten gegenzusteuern, hatte aber nie die erforderliche Ausdauer und den Willen zum Durchhalten.

Obwohl sie sich so freudig und aufgeschlossen zeigte, konnte ich bald eine tiefe Traurigkeit und Schwermut bei ihr wahrnehmen. Ich hatte den Eindruck, dass sie am liebsten bleiben und mir ihr ganzes Herz ausschütten wollte, was sie dann auch nach und nach tat. So entblätterte sich vor mir eine großartige Schöne und zeigte mir mehr und mehr ihr zerrissenes, verstecktes Inneres, das zutiefst verunsichert, voller Ängste und Verletzungen und mit Beziehungsproblemen belastet war.

Trotz ihrer Freude an der Arbeit und dem liebevollem Umgang mit ihren Kunden stellten sich bei ihr nicht selten trübe Gedanken ein, denn sie litt oft und lange an Erlebtem, konnte die Gedanken und negativen Gefühle, die damit in Zusammenhang standen, einfach nicht loswerden. Ich glaube, es half ihr, dass sie sich darüber aussprechen konnte. Ich merkte aber auch, wie sie die Vergangenheit nicht loslassen konnte und sie sich mit ihren Problemen mehr oder weniger im Kreis drehte. In der Folgezeit war sie dann des Öfteren krankgeschrieben, wegen häufiger Bronchitis, Halsschmerzen, verstopften Nasennebenhöhlen und anhaltenden Kopfschmerzen.

In Extremsituationen, wenn z. B. mal wieder eine Beziehung zerbrochen war, die doch so vielversprechend begonnen hatte, türmten sich ihre trüben Gedanken nicht nur zu grauen Wolken auf, nein, sie verdichteten sich zu echten Depressionen, unter denen sie stark litt. Sie brauchte ernsthaft Hilfe. Wie ich später erfuhr, bekam sie diese jedoch erst Jahre später.

Infolge ihrer nicht kontrollierbaren Esssucht und der damit einhergehenden Gewichtszunahme (K)) verschlechterte sich ihr Allgemeinzustand zusehends. Oft taten ihr alle Gelenke weh, insbesondere in den Knien und in den Schultern, und das in ihrem Alter! Nach jahrelangen Leidenszeiten und sehr vielen vergeblichen Versuchen, Lösungen für ihre Probleme zu finden, erhielt sie schließlich die Diagnose „Adipositas" - Fettleibigkeit. Was konnte sie dieser Diagnose entgegensetzen, wo sie doch schon so vieles versucht hatte?

Endlich gelang es ihr, über ihre Krankenkasse eine operative Magenverkleinerung durchzusetzen, auf die sie alle Hoffnungen setzte. Denn infolge der Fettleibigkeit hatten sich bei ihr auch schon Bluthochdruck und Diabetes eingestellt.

Obwohl Kapha-Typen, die sich im Gleichgewicht befinden, im Vergleich zu allen anderen Typen viel ausdauernder und auch leistungsfähiger sind, geraten sie bei erhöhtem Kapha meist dauerhaft in Schieflage, aus der sie sich nur ganz schwer wieder befreien können. Das liegt daran, dass sie gerade die Dinge am liebsten tun, die es zu meiden gilt, und keine Lust auf das haben, was sie unbedingt machen sollten.

Zum Ausgleich von erhöhtem Kapha oder um Ihr Kapha zu halten, kann Folgendes förderlich für Sie sein:

- Führen Sie ein aktives/ bewegtes Leben! Sorgen Sie generell immer wieder für Veränderungen, im Tagesablauf, in Ihren Handlungen und in Ihren Gedanken. Vermeiden Sie Routine!

- Vermeiden Sie zu viel Ruhe (Mittagsschlaf, Schlaf allgemein).

- Absolvieren Sie dauerhaft ein anstrengendes körperliches Training.

- Meiden Sie zu kühle Getränke und Speisen, zu viel Salz, Süßes und Milchprodukte (wegen der Schleimbildung).

- Bevorzugen Sie fettarme, leichte und trockene Nahrung.

An dieser Stelle möchte ich hervorheben, dass nach der ayurvedischen Lehre nicht jedermann täglich mindestens 2 Liter Flüssigkeit zu sich nehmen sollte, schon gar nicht diejenigen mit Kapha-Störungen. Menschen mit einem hohen Kapha-Anteil haben naturgemäß viel mehr Wasseranteile im Körper als andere Menschen. Aus diesem Grunde wird ihnen eine überwiegend trockene Ernährung empfohlen, zum Beispiel trockenes Müsli am Morgen, keine Saucen, aber dafür Salate. Auch Saunabesuche und Aufenthalt im Wasser sind für sie nicht empfehlenswert.

Bei welchem der beschriebenen Typen haben Sie sich selbst oder Anteile von Ihnen wiedergefunden?

Ich wünsche Ihnen viel Freude und noch mehr Selbsterkenntnis beim Finden Ihres eigenen Typs, Ihres Selbstes!

Egal, welcher Typ Sie sind, lieben Sie ihn!

7. Störungen – was tun?

Die von mir beschriebenen Typen sind nur ganz konkrete Beispiele, die mit ihren Ausprägungen keinen Anspruch auf Allgemeingültigkeit erheben. So vielfältig und einzigartig jeder Mensch ist, so vielfältig sind auch die unendlichen, möglichen Kombinationen von Vata, Pitta, und Kapha, je nachdem, ob sich die jeweiligen Eigenschaften im Körper, im Geist oder im Intellekt des Menschen manifestieren.

Dennoch können Sie sich jetzt schon eine Vorstellung von einem Vata-, Pitta- oder Kapha-Typen machen, da Sie wissen, welches Grundprinzip durch die 3 Doshas vertreten wird. Aber vor allem können Sie nun deutlich erkennen, welche Eigenschaften und demzufolge welche der Doshas in Ihnen selbst am meisten ausgeprägt sind. Und bestimmt wissen Sie auch schon, welche davon Sie lieben und welche Ihnen Probleme bereiten.

Dieses ayurvedische Basiswissen über Ihre angeborene Grundkonstitution eröffnet Ihnen möglicherweise eine ganz neue Sicht auf sich selbst und auf Ihre Mitmenschen. Vielleicht wird Ihnen jetzt klar, warum Sie – schon immer – so einen starken Bewegungsdrang hatten und gerne Sport treiben (V), warum es Ihrem Partner im Gegensatz zu Ihnen so schwer fällt, schlank zu sein (K), oder warum sich Ihr Chef bei jeder Kleinigkeit immer so schnell aufregt (P), wo das nach Ihrer Meinung doch überhaupt nicht nötig wäre.

Das Verständnis für Sie selbst und für andere kann nun wachsen. Und das wird mit Sicherheit viele positive Veränderungen mit sich bringen, zum Beispiel mehr Gelassenheit, Mitgefühl bis hin zu mehr Liebe. Die Erkenntnis, dass Sie einige Dinge ändern können, andere aber als gegeben annehmen sollten, kann viel Druck und Ängste aus dem Alltag nehmen.

Mit diesem ayurvedischen Wissen können Sie Ihr Gewahrsein für sich selbst stark erhöhen. Das heißt, Sie nehmen viel intensiver als bisher Veränderungen oder Symptome in sich wahr, aber auch alles Positive und Gute in Ihnen. Und demzufolge können Sie schon bei ersten Anzeichen und Signalen entsprechend reagieren, sich entweder freuen oder gegensteuern, wenn Sie merken, dass es Ihnen nicht gut geht und sich Störungen zeigen.

Nach der ayurvedischen Lehre spricht man von Störungen, im späteren Stadium dann von Krankheiten, wenn die angeborenen Proportionen von Vata, Pitta und Kapha (Prakriti) nicht mehr gegeben sind, wenn also ein Dosha oder mehrere erhöht sind. Dann befinden wir uns im Zustand von **Vikriti.**

Wenn sich ganz bestimmte Eigenschaften im Menschen zu sehr verstärkt haben, dann leuchtet es doch ein, dass man die Eigenschaften nur genau durch das Gegenteil (Verhalten, Essen o.a.) verringern oder gar ganz beseitigen kann.

Wenn ich mich verbrannt habe, muss ich kühlen. Bin ich zu schnell gegangen und erschöpft, werde ich langsamer gehen. Fühle ich mich zu dick und übergewichtig, muss ich abnehmen, um schlanker/ leichter zu werden. Ist meine Haut zu trocken, muss ich sie ölen. Sind meine Gedanken wolkenverhangen, dann sollte ich wieder einen klaren Kopf bekommen. Fühlen sich meine Muskeln für mich zu weich an, könnte ich trainieren, um sie straffer werden zu lassen. Habe ich einen schmerzenden, rauhen Hals, dann kann ich gurgeln oder Tee trinken, damit der

Hals wieder etwas schleimiger wird. Und wenn mein Leben ganz aus dem Ruder läuft (zu beweglich), dann sind Anstrengungen angesagt, um wieder Stabilität und Ruhe zu erlangen.

Dies sind grundlegende, wenn auch sehr einfache Erkenntnisse des Ayurveda. Um dieses Basiswissen des Ayurveda für Ihr eigenes Leben nutzen zu können, sollten Sie sich bei Unwohlsein oder Anzeichen einer Krankheit als erstes immer klar machen, welche Eigenschaft in Ihnen überhand genommen hat.

So könnten Sie beispielsweise feststellen, dass Sie neuerdings immer wieder rote, brennende Augen haben, ohne dass Sie wissen, warum. Dann erinnern Sie sich, rot und brennend sind Eigenschaften des Feuers (S. 37), also hat ihr Symptom etwas mit dem Pitta-Dosha zu tun. Als zweites überlegen Sie sich, wie Sie diese erkannten Eigenschaften, im Beispiel rot und brennend, dann mit dem Gegenteil schwächen können. Da man Feuer/Hitze bekanntlich mit Wasser und Kühle begegnen kann, überlegen Sie sich, wie Sie das im Falle Ihrer entzündeten Augen tun könnten. Höchstwahrscheinlich werden Sie feststellen, dass Sie gerade viel schwitzen oder zu viel der Sonne ausgesetzt waren. Vielleicht sind die Außentemperaturen gerade drastisch angestiegen und damit auch Ihre eigene innere Hitze. Oder Sie haben sich über irgendetwas aufgeregt/ erhitzt. Vielleicht haben Sie in letzter Zeit aber auch zu viele gebratene, ölige Speisen zu sich genommen und nicht vertragen. Das erhöhte Dosha, in diesem Fall Pitta, sucht sich dann immer die „schwächste Stelle" im Körper und manifestiert sich dort, für Sie fühlbar und zu sehen in den erröteten und brennenden Augen.

Auf jeden Fall gilt es, die in Ihnen entstandene, zu hohe Hitze zu schwächen. Das können Sie tun, indem Sie kühlende (aber keine eisgekühlten) Getränke und möglichst keine heißen, in Öl gebratene Speisen zu sich nehmen, unter eine abkühlende Dusche gehen, sich beruhigen, mögliche Aggressionen und Wut loslassen und sich ab sofort nicht mehr der prallen Sonne aussetzen.

Eines der einfachsten und besten Mittel, die der Ayurveda bei leichten Rötungen und/oder Entzündungen der Augenbindehaut empfiehlt, ist Rosenwasser oder geklärte Butter (Ghee), die man in die Augen gibt. Das Rosenwasser ist kühlend, und geklärte Butter hat ähnlich positive Eigenschaften wie Muttermilch.

Ghee ist überhaupt das Mittel der Wahl bei erhöhtem Pitta. Es kann z. B. bei Sodbrennen und diversen Magenproblemen, bei Verbrennungen, Bienenstichen oder brennenden Empfindungen eingesetzt werden. Wenn Ihr Baby eine Bindehautentzündung hat und Sie noch stillen, dann geben Sie einfach einen Tropfen Muttermilch in die Augen. Das hilft schnell und mit Sicherheit.

Aus den vorangegangenen Ausführungen ergeben sich folgende, wichtige und zusammenfassende Regeln für alle Störungen – die Schlüssel zur Heilung:

1. **Gleiches verstärkt Gleiches**

   im o. g. Bsp. noch mehr Aufregung usw.

2. **Gegensätze schwächen einander**

   wie im o.g. Beispiel beschrieben

Schenken Sie sich selbst immer die nötige Aufmerksamkeit und Achtung, nehmen Sie Umwelt- und Einflussfaktoren wie zum

Beispiel das Wetter, die Jahreszeit und das Wissen um Ihr Alter bewusst wahr, und Sie werden Zusammenhänge erkennen und sich selbst helfen können.

Laut Ayurveda befindet sich der Mensch im Alter von 0 - 20 Jahren in der **Kapha-Lebenszeit,** das heißt Kapha ist jetzt höher als in anderen Lebensabschnitten. Das leuchtet natürlich ein, denn in dieser Zeit wächst der Körper heran, die Struktur bildet sich. Insbesondere im Kindesalter heißt es ja deshalb auch, das Kind muss essen, damit es gut wachsen und sich entwickeln kann. Leider gibt es aber heutzutage schon viele Kinder und Jugendliche, die bereits in dieser Lebensphase ein zu hohes Kapha ausbilden und übergewichtig werden. Die Ursachen dafür sind vielfältig und individuell. Ganz sicher aber spielen eine falsche Ernährung und zu wenig Bewegung dabei eine große Rolle.

Nach der Kapha-Zeit folgt dann im Alter von 20 – 50 Jahren die **Pitta-Lebenszeit**, die die eigentliche Schaffenszeit des Menschen darstellt. In dieser Zeit brennen wir für das, was wir erreichen wollen: z.B. eine Familie gründen, ein Haus bauen und einen Beruf erfolgreich ausüben. Wir wollen uns verwirklichen, was auch immer das für den Einzelnen bedeutet. Der eine findet seine Bestimmung im Beruf, der andere in der Familie. Wenn wir Glück haben, gelingt uns alles ganz gut, aber oftmals geraten wir gerade in diesem Lebensabschnitt an unsere Grenzen, oder wir überschreiten diese haushoch. Dann sollten alle Alarmglocken läuten, und sie tun es auch. Erhöhter Blutdruck, Herzinfarkt, Burnout – mögliche Folgen von Stress, Überforderung, Ängsten und anderen psychischen Ursachen. Bei aller Schaffenskraft und Kreativität in diesem Lebens-Zeitfenster gilt es deshalb, immer die eigene Ballance zu wahren und nicht alles zu übertreiben.

Ab 50 aufwärts erwartet uns dann die **Vata-Lebenszeit**. Nun ist etwas mehr Ruhe angesagt. Wer das nicht beherzigt, bekommt mit Sicherheit Probleme. Wenn Sie nun wissen, dass schon allein auf Grund Ihres Alters Ihr Vata automatisch höher ist als in den vorigen Lebensabschnitten, dann wenden Sie die einfache Regel an: Gegensätze schwächen einander.

Sie stellen z. B. fest, dass Sie gar nicht mehr so viel Lust auf ständige Ausflüge und Reisen haben. Wenn Sie dann doch verreist und viel mit dem Auto oder sogar mit dem Flugzeug unterwegs waren, dann brauchen Sie jetzt viel mehr Zeit als früher, um sich wieder zu regenerieren. Natürlich werden Sie als Vata-Typ hierunter besonders leiden. Die Konsequenz wäre, nicht mehr so viel zu reisen oder Reisen zu planen, bei denen der Erholungseffekt zwischendurch und hinterher mehr gegeben ist.

Sie merken in dieser Zeit vielleicht auch, dass Ihre Haut jetzt viel trockener ist als in jungen Jahren. Und das ist ganz normal, weil Ihr Vata ja jetzt von Natur aus viel höher ist. Dann benutzen Sie ab sofort eine Hautcreme, die viel mehr Feuchtigkeit und Fett enthält, und schon ist Ihnen geholfen. Noch besser, Sie ölen die Haut Ihres ganzen Körpers regelmäßig mit Öl ein. Ihrem Typ entsprechend wählen Sie Sesamöl (V), Kokos- bzw. einfaches Sonnenblumenöl (P) oder Maisöl (K).

So können Sie immer geeignete Maßnahmen ergreifen, um ein aus dem Ruder gelaufenes Dosha zu beschwichtigen und wieder in Balance zu bringen. Es gibt eine ganze Reihe von Produkten, die empfehlenswert sind und die Sie hierzu auf dem Ayurveda-Markt kaufen können. Sie dienen immer dazu, das Dosha, das im Produktnamen genannt wird, zu beruhigen und zu senken.

So wird beispielsweise ein Vata-Tee mit Kardamom, Ingwer, Zimt, und Süßholz Ihr Vata-Dosha beruhigen, und er ist deshalb besonders abends vor dem Schlafengehen zu empfehlen. Für viele aber auch tagsüber, wenn sie generell Vata-Probleme haben, bei intensiver geistiger Arbeit, auf Reisen sowie in den kalten Jahreszeiten.

Kapha-Tee mit Kurkuma, Ingwer, Gewürznelken, schwarzem Pfeffer, Kardamom und Safran würde ich dagegen abends nicht empfehlen, da Sie durch ihn vielleicht um Ihren Schlaf gebracht werden. Aber morgens ist er sehr angebracht für alle, die einen Anschubser brauchen, um in die Gänge zu kommen, und das zu jeder Jahreszeit. Der Vata-Gestörte sollte morgens aber lieber einen Vata-Tee vorziehen.

Die beiden genannten ayurvedischen Kräutertees schmecken sehr aromatisch, weswegen manche sie nicht so gerne mögen. Die milde Variante, die zu jeder Jahreszeit, aber besonders an heißen Tagen geeignet ist, Ihr Pitta-Dosha zu senken, ist der Pitta-Tee mit Kardamom, Süßholz, Ingwer, Zimt und kühlenden Rosenblättern.

Praktisch ist für jeden und für jede Gelegenheit ein passendes Kraut gewachsen.

Erwähnen möchte ich an dieser Stelle ein Heilmittel, das ich als 3-Dosha-Typ seit Jahren immer wieder nutze, um mich in Balance zu bringen, nämlich Triphala, was so viel heißt wie „drei Früchte". Es besteht aus den Früchten Amalaki (P), Bibhitaki (K) und Haritaki (V), die in dieser Kombination alle drei Doshas ausgleichen und drei der wichtigsten ayurvedischen Kräuter sind. Mit seiner verjüngenden und stärkenden Wirkung ist Triphala aus der Ayurveda-Heilkunde nicht wegzudenken. Da es auch den Stoffwechsel auf natürliche Weise anregt und leicht abführend wirkt, ist es allen Menschen mit Verstopfungen zu empfehlen. Es ist aber nicht nur für den 3-Dosha-Typ geeignet, sondern für alle.

Wenn Sie das Wissen über die 3 Doshas, ihre dazugehörigen Elemente und deren Eigenschaften praktisch anwenden, dann versetzen Sie sich damit in die Lage, bei auftretenden Anzeichen von Unwohlsein und Störungen herauszufinden, um was für eine Störung es sich handelt. Und dann können Sie entsprechend gegensteuern.

Bedenken Sie dabei aber immer, dass Vata als Hauptdosha bei fast 90 Prozent aller Störungen auch beteiligt ist und ebenso behandelt werden muss.

Außerdem, es ist wunderbar, wenn wir uns Dank dieses Wissens im Alltag selbst helfen können. Das heißt aber nicht, dass wir uns in jedem Fall selbst behandeln können. Wägen Sie deshalb gut ab, wann und ob Sie einen Arzt oder Heilpraktiker aufsuchen und wann nicht. Grundsätzlich ist es möglich, viele Störungen im Anfangsstadium gut selbst behandeln zu können. Wird aber aus den anfänglichen Symptomen ein chronischer Befund, dann ist es in jedem Falle ratsam, einen Ayurveda-Arzt o. a. Mediziner aufzusuchen.

Die folgende Übersicht zeigt noch einmal zusammengefasst, wo (Sitz im Körper), in welcher Form oder Art und Weise Vata-, Pitta- oder Kapha-Störungen auftreten können.

Vata-Dosha:	
Hauptsitz:	Dickdarm
Weitere Orte für mögliche Störungen:	Beckenraum, Knochen, Mund, Haut, Stimmbänder, Zunge, Ohren, Hüften, Hände, Stimmbänder
Weitere Möglichkeiten und Bereiche für Störungen:	Gewichts- und Gewebereduktion, Atmung, Nervosität, Herzschlag, Bewegungen in den Muskeln und in den Geweben, Bewegungen in den Zellen, Impulse in den Nervenzellen, Hören, alle Zusammenziehungen und Ausdehnungen, Lidschlag, Hören, Sprechen, Ausscheidungen
Pitta-Dosha:	
Hauptsitz:	Dünndarm und unterer Magen
Weitere Orte für mögliche Störungen:	Augen, Füße, Schweißdrüsen, Blut, Fettgewebe, Haut
Weitere Möglichkeiten und Bereiche für Störungen:	Verdauung, Resorption, Assimilation, Ernährung, Hunger, Stoffwechsel, Körpertemperatur, Intelligenz und Verstehen, Hautfarbe, Glanz in den Augen, Gehen, Durst, Hass, Zorn, Eifersucht

Kapha-Dosha:	
Hauptsitz:	Brustraum und oberer Magen
Weitere Orte für mögliche Störungen:	Gelenke, Herz, Haut, Hals, Lunge, Bronchien, Nase, Zunge, Mund, Kopf, Nebenhöhlen, oberer Magen, Plasma, Anus, Geschlechtsorgane, Zytoplasma
Weitere Möglichkeiten und Bereiche für Störungen:	Gewichts- und Gewebezunahme, Wachstum, Stabilität, Abwehrkraft, Gelenkschmiere und -flüssigkeit, Feuchtigkeit der Haut, Vitalität, Wundheilung, Gier, Depression, Erinnerungsvermögen, Energie für Herz und Lunge, Schleimabsonderungen, Lethargie, Neid, Anhaftungen, zu viel Ruhe, Fortpflanzung

8. Das Verdauungsfeuer

Oft werde ich gefragt, welcher Typ denn die besten Chancen hat, ein gesundes Leben zu führen und alt zu werden. Die Chance haben wir alle, wir müssen nur die eigene Verantwortung für unsere Gesundheit und unser Leben übernehmen.

Aber dennoch gibt es eine Sache, die uns voneinander unterscheidet. Stellen Sie sich folgenden Wettbewerb vor, an dem Sie und noch 10 weitere Leute teilnehmen. Sie bekommen alle die gleiche Menge an Material (Holz, Zweige, Kohle) und sollen auf dem schnellsten Weg ein Feuer machen und alles restlos verbrennen. Wer das größte und schönste Feuer ohne Überreste macht, wird zum Schluss prämiert.

Was meinen Sie, werden Sie zu den Gewinnern zählen? Haben Sie daran gedacht, sich für den Wettbewerb ein Feuerzeug, Streichhölzer und geeignete Feuerbeschleuniger mitzubringen? Was machen Sie, wenn das Ihnen übergebene Material feucht ist und nicht brennt, wenn gar kein Wind an dem Tag geht und Sie mit ständigem Wedeln das Feuer am Brennen halten müssen? Wahrscheinlich wird derjenige den Wettbewerb gewinnen, der rechtzeitig und im Vorfeld an alle diese Dinge gedacht hat, dessen Feuer dann im Gegensatz zu den anderen lichterloh brennt. Er braucht keine Angst zu haben, dass bei ihm zum Schluss zu viel Unverbranntes übrigbleibt. Auch derjenige, der sich zu helfen weiß, der Holz und Zweige richtig stapelt, immer für Luftzufuhr sorgt und das Feuer nicht ausgehen lässt, hat gute Chancen. Aber wer keine Ahnung vom Feuer hat und all die genannten Dinge nicht beherzigt, der hat schon verloren.

So ist es auch mit unserem **Verdauungsfeuer (Agni)**. Wem die Natur ein gesundes, starkes Verdauungsfeuer geschenkt hat, der ist gesegnet und tatsächlich im Vorteil gegenüber allen anderen, bei denen das nicht der Fall ist.

Ein starkes Verdauungsfeuer ist also die beste Voraussetzung für Gesundheit und ein langes, erfülltes Leben. Eine unvollständige Verdauung hat zur Folge, dass nicht alle in unserer Nahrung enthaltenen Nährstoffe aufgenommen und verarbeitet werden können, was wiederum zu einem Energiemangel führen kann.

Alles, was wir essen, muss vollständig verdaut, verstoffwechselt werden. Ist das Verdauungsfeuer zu schwach, die Menge des aufgenommenen Essens zu hoch oder die Art der Nahrung falsch, bleiben unverdaute Reste übrig. Und diese sind es, die Störungen verursachen, die krank machen.

Der Ayurveda nennt diese nicht verstoffwechselten Überbleibsel **Schlacken (Ama)**, die unbedingt aus unserem Körper entfernt werden müssen, ansonsten wird der Körper vergiftet.

Wenn Sie morgens Ihre Zunge ausstrecken und im Spiegel betrachten, werden Sie an manchen Tagen einen hellen Belag sehen. Unser Körper ist in der Nacht mit Entgiften und Reinigen beschäftigt, und dies geschieht teilweise auch über die Zunge. Empfehlenswert und sehr wirksam ist deshalb das morgendliche Ölziehen. Während Sie unter der Dusche stehen, können Sie warmes Sesam- oder Kokosöl immer wieder durch die Zähne ziehen und damit angesammeltes Ama lösen. Anschließend entfernen Sie den Belag von der Zunge mit einem metallenen Zungenschaber. Das Öl unbedingt extra entsorgen, nicht in den Abfluss geben!

Nicht ohne Grund boomen bei uns seit Jahren Reinigungs- bzw. Entgiftungskuren. Entsprechend der Lehre des Ayurveda bieten hierzu Spezialkliniken in Deutschland u. a. Ländern sogenannte Panchakarma-Kuren an. Nach einem individuell abgestimmten und typbezogenen Therapieplan unterzieht sich der Kurgast hier einer ganzheitlichen Reinigung, die zum Abbau aller im Körper, im Geist und in der Seele vorhandenen Gifte und Schlacken (Ama) führt und somit zu mehr Gesundheit und Wohlbefinden.

Sie haben aber auch die Möglichkeit, eine solche Reinigung Zuhause selbst durchzuführen, indem Sie regelmäßig mit Hilfe eines Klistiers Einläufe (Basti) machen. Diese Behandlungsart ist bei uns in der westlichen Welt fast in Vergessenheit geraten, dennoch ist sie hochwirksam und einfach. Mit Hilfe von warmem Wasser und der Zugabe von Sesamöl oder Dashamula reinigen Sie Ihren Darm (Senkung von Vata) und somit auch Ihren Geist von unangenehmen Emotionen, Ängsten oder Belastungen.

Die beste Zeit für eine längere Entgiftung und Entschlackung ist das Frühjahr (Kapha-Jahreszeit), die weniger geeignete ist der Herbst (Vata-Jahreszeit).

Ein starkes Verdauungsfeuer ist nicht gleichzusetzen mit einem hohen Pitta, im Gegenteil. Im Sommer, wenn es heiß ist, sinkt die Kraft unseres Verdauungsfeuers. Deshalb neigen wir (wenn wir im Gleichgewicht sind) an heißen Tagen dazu, leicht verdauliche Speisen zu uns zu nehmen, also Obst, gegartes Gemüse, wenig Fleisch. Auch Salate sind vom Gewicht her zwar leicht, aber dafür schwer verdaulich, da sie roh und kalt sind.

Der Ayurveda empfiehlt uns daher auch, grundsätzlich eher gegarte Speisen zu uns zu nehmen, weniger (zumindest nicht nur) Rohkost. Ungegarte, rohe Lebensmittel kann nur derjenige mit einem sehr starken Verdauungsfeuer wirklich gut vertragen.

Als ich vor Jahren von diesen Zusammenhängen noch nichts wusste, habe ich mich in der Hotelküche immer gewundert, warum so viele Gäste an heißen Tagen unsere „Scharfe Pfanne" mit Gemüse, Reis und Ingwer bestellten. Ich dachte, nun ist es schon so heiß, und die Gäste essen auch noch Hitze erzeugende Speisen. Doch sie hatten intuitiv das Richtige gewählt, nämlich scharfes Essen, womit sie ihr Verdauungsfeuer stärkten.

In Ländern wie Indien oder Mexiko, in denen die Menschen ständig extrem hohen Temperaturen ausgesetzt sind, isst man grundsätzlich scharf, ansonsten könnte das Essen nur teilweise oder überhaupt nicht verdaut werden, und Krankheiten wären vorprogrammiert. Wer schon einmal solche Länder bereist hat, der weiß, wie schnell man da als Mitteleuropäer Durchfall bekommen kann. Pitta ist hoch, das Verdauungsfeuer so gut wie aus, dann „fällt das Essen durch".

Jeder kann selbst Einiges tun, um sein eigenes Verdauungsfeuer am Brennen zu halten oder wieder neu zu entfachen, damit keine oder möglichst wenig Überreste unverdaut zurück bleiben und die Gesundheit gewährleistet ist.

Vor ein paar Jahren kam eine Frau Mitte Vierzig zu mir. Sie bat für sich persönlich um eine ayurvedische Gesundheits- und Ernährungsberatung. Nach Pulsdiagnose und längerem Gespräch war ich mir sicher, sie ist ein Pitta-Vata-Typ.

Früher hätte sie alles in Griff gehabt, aber nun hätte sich das alles gewandelt. Sie berichtete mir, dass sie ständig hungrig sei und deshalb mindestens 5-6 mal am Tag esse. Sie habe ganz oft Durchfall und wüsste schon gar nicht mehr, was sie noch zu sich nehmen kann, ohne Probleme zu bekommen. Sie fühle sich ständig schlapp und oft auch müde und möchte diesen Zustand unbedingt abändern, da sie schon so viel abgenommen hätte und sich nicht mehr attraktiv fände. Bei ihrem Anblick konnte ich das sehr gut nachvollziehen. Ganz nebenbei erzählte sie dann außerdem noch von langanhaltenden Problemen in ihrer Lebenspartnerschaft und emotionalem Stress. Sie würde oft auch einfach aus Frust und mit Wut im Bauch essen, nur um sich abzureagieren.

Oh, dachte ich, bei ihr ist Vata als Hauptdosha die eigentliche Ursache allen Übels. Da bei ihr als Pitta-Vata-Typ aber Pitta am höchsten ist, war auch Pitta in Mitleidenschaft gezogen und viel zu stark geworden.

Zum Abschluss der Beratung empfahl ich ihr deshalb, die Regeln zum Ausgleich von Vata (S. 52) zu befolgen, später auch von Pitta (S. 59), und als Nahrungsergänzung Vata-Balance.

Nach ihren Vorlieben beim Essen fragend erklärte sie mir, sie esse fast nur noch Rohkost, da sie nach Ihrer Auffassung alles andere nicht vertragen würde. Daraus konnte ich den Schluss ziehen, in welch´ hohem Maße sie bereits ins Ungleichgewicht geraten war, denn sonst hätte ihr Körper nicht zu dieser Nahrung „geraten".

Alles lief ihr förmlich aus dem Ruder. Wahrscheinlich konnte sie ihr gesamtes Leben, so wie sie es zur Zeit gerade führte, nicht „verdauen". Mir war klar, dass ihr Verdauungsfeuer, das von Natur aus zwar gut angelegt war, nur noch auf Sparflamme lief und unbedingt einer Auffrischung bedurfte.

Neben einer Reihe einzelner Tipps riet ich ihr trotz ihrer Gewichtsabnahme zu einer kleinen ayurvedischen Fastenkur (täglich leichte Dal-Suppe) von maximal 10 Tagen. In dieser Zeit hätte ihr Verdauungsfeuer die Chance, sich zu erholen und alles Überflüssige loszulassen, um dann mit neuer, geballter Kraft die Nahrung wieder vollständig verdauen zu können.

Abschließend gab ich ihr folgende Ratschläge zur **Stärkung des Verdauungsfeuers**, die auch Sie bei Bedarf befolgen können:

- Führen Sie eine häusliche ayurvedische Fastenkur von 10 Tagen durch. Während dieser Zeit essen Sie eine selbst gekochte, ungesalzene, aber mit frischen Kräutern gewürzte Suppe aus Gemüse und gelben Mungbohnen. Gleichzeitig trinken Sie viel Wasser.

- Essen Sie immer in Maßen, niemals zu viel, niemals aus emotionalen Gründen und maximal 3 Mahlzeiten am Tag.

- Meiden Sie zu viel schwere Nahrung (Rohkost, Gebratenes) und zu flüssiges Essen.

- Nehmen Sie vor oder nach den Mahlzeiten ein paar Scheiben Ingwer mit etwas Zitronensaft und/oder Salz, Fenchelsamen oder andere scharfe Gewürze zu sich. Auch Lassi (Joghurt, Wasser und scharfe Gewürze) ist möglich.

- Trinken Sie unmittelbar zur Mahlzeit und danach keine eisgekühlten Getränke, sondern nach Möglichkeit nur wenig warmes Wasser während des Essens.

- Kauen Sie Ihr Essen intensiv, bevor sie es runter schlucken.

- Achten Sie darauf, bestimmte Nahrungsmittelkombinationen zu vermeiden, die sich nicht vertragen. Milch sollte zum Beispiel immer alleine verzehrt werden, ebenso rohes Obst. Desweiteren passen Zitronen nicht zu Joghurt, Milch, Gurken und Tomaten.

9. Essen ist Geschmackssache

Über Geschmack lässt sich bekanntlich streiten, will heißen, jeder hat einen anderen Geschmack, und das ist auch gut so. Wenn ich mir vorstelle, alle hätten den gleichen Geschmack, dann blieben Kreativität und Einfallsreichtum auf der Strecke. Am Geschmack scheiden sich die Geister!

Als Köchin in einem Hotel-Restaurant bin ich praktisch ständig auf Ideensuche und auf der Jagd nach dem Geschmackserlebnis für unsere Gäste.

Im Sommer 2013 war ich gerade mit der Lektüre des Buches „Fürstliche Hofküche des großherzoglichen Hauses Mecklenburg-Strelitz" von dem Neubrandenburger Autor Helmut Borth und dem Sternekoch Daniel Schmidthaler beschäftigt, als mir eine ganz spontane Idee kam.

In Anlehnung an die in dem Buch beschriebene fürstliche Küche des Hauses Mecklenburg-Strelitz, zu dem auch die von allen verehrte Königin Luise gehörte, wollte ich für unser Hotel Marienhof ein eigenes und ganz spezielles „König-Luise-Menü" kreieren und bei uns an einem Spezialitätenabend vorstellen.

Gesagt, getan. Stadthistoriker Frank Saß führte die Besucher dieses Abends durch die Menüfolge und begeisterte alle Anwesenden mit historischem Hintergrundwissen, neckischen Episoden zum fürstlichen Hofleben der damaligen Zeit und speziell mit Geschichten über Königin Luise. Zusammen mit dieser Unterhaltung, gemeinsamem Serviettenbrechen, mit

Königinnensuppe, Truthahnterrine, Wildbraten und „Wildgans" versetzten wir unsere Gäste in die Zeit der Herzöge, wie wir sie aus Filmen und Büchern als Überlieferung kennen.

Die Bewertung jedenfalls, die alle Gäste unter anderem zum Essen und zum Abend insgesamt abgegeben hatten, ließ darauf schließen, dass sie sich fürstlich gefühlt haben. Das freute uns als Veranstalter natürlich außerordentlich. Ein gelungener Abend, so verabschiedeten sich die Gäste, der gerne wiederholt oder in ähnlicher Art gestaltet werden darf.

Und dennoch. Ich war mir im Vorfeld sicher gewesen, dass alle Speisen super gut ankommen würden. Alles war wunderbar gelungen und sehr schön angerichtet worden. Aber trotzdem hatten ungefähr 15 % der Gäste in ihren Bewertungen zum Ausdruck gebracht, dass ihnen das eine oder andere nicht so gut geschmeckt hat.

Meine Erkenntnis: Das ist völlig normal und auch in Ordnung so, denn über Geschmack lässt sich ja bekanntlich streiten.

Das erleben wir auch täglich im Restaurant immer wieder. Der eine Gast ist von einem Gericht total begeistert, bestellt es jederzeit wieder, der andere findet es nicht so gut und würde es nicht wieder wählen. Bei dieser individuellen Bewertung spielen mehrere Faktoren eine große Rolle, nicht zuletzt der eigene Konstitutionstyp, aber auch die aktuellen Befindlichkeiten und natürlich, ob das Essen gut zubereitet und angerichtet wurde.

Die **6 Geschmacksrichtungen (Rasa)** süß, sauer, salzig, scharf (stechend), bitter und herb (zusammenziehend) spielen in der ayurvedischen Ernährungslehre eine ganz bedeutende Rolle.

Den Geschmack unseres Essens erkennen wir mit Hilfe unserer

Geschmacksknospen auf der Zunge im Zusammenwirken mit Flüssigkeit. Der wahrgenommene Geschmack sendet Signale zum Gehirn, die dann Auswirkungen auf die Verdauung, die Doshas und den gesamten Körper haben.

Doch wie ist es bei den meisten Menschen mit der praktischen Wahrnehmung der 6 Geschmäcker bestellt? Genau wie alle anderen Sinne ist auch unser Geschmackssinn permanent mit Extremen und unnatürlichen Reizen überflutet, z. B. durch Geschmacksverstärker, Alkohol und zu viel Salz bzw. Zucker in Fertigprodukten, um sie länger haltbar zu machen und mehr verkaufen zu können.

Die Lebensmittelindustrie weiß nur zu gut, womit sie bei der Masse der Kunden (noch) am meisten punkten kann, nämlich mit versteckten hohen Anteilen an Fett, Zucker und Salz, was den Konsumenten zwar schmeckt, aber nicht unbedingt gesund ist. Durch diese Reizüberflutung werden die Geschmackszellen auf unserer Zunge regelrecht abgestumpft, und es kommt so zu einer Reihe von Irritationen und möglichen Fehlinformationen an den Verdauungsapparat und andere Organe.

Wer schon einmal gefastet hat, der weiß, wie sauer der erste Apfel oder wie süß einfach trockenes Brot nach 1o Tagen Entbehrung jeglichen Essens schmecken kann, nachdem das Geschmackszentrum auf der Zunge sich in dieser Zeit erholen konnte.

Während einer unserer Jubiläumsfeiern hatte ich im Rahmen des Unterhaltungsprogramms für unser Restaurantgäste ein ganz besonderes Highlight aus der ayurvedischen Küche vorbereitet. Ich wollte die Fähigkeit unserer Gäste testen, Geschmäcker und Zutaten zu erkennen.

Dazu ging ich von Tisch zu Tisch und übergab zunächst jedem Einzelnen eine dunkle Schutzbrille, durch die er nichts mehr sehen konnte. Jeder sollte nämlich ein von mir gereichtes Dessert kosten und dann im Anschluss bei einem Quiz erklären, welche Gewürze und Geschmäcker er wahrgenommen hat und um was für ein Dessert es sich handelte.

Alle machten mit, denn auf den Gewinner wartete ein Gutschein für Essen und Getränke. Ich glaube, dieser Quiz hat allen viel Spass gemacht. Vielleicht eine gute Idee auch für Ihre nächste Party oder Familienfeier!

Ich dachte noch so bei mir, dass bestimmt viele Gäste die richtigen Antworten wissen würden und wir dann zum Schluss den Gewinner noch auslosen müssten. Aber weit gefehlt. Ich war wirklich überrascht über die vielen ungewöhnlichen Beigaben wie Zimt, Anis oder Nelken, die einige Gäste erkannt haben wollten, ebenso über die Schokocreme und die rote Grütze, die sie vermeintlich gegessen hatten. Allerdings war für viele klar, dass das Dessert süß, leicht scharf und auch säuerlich geschmeckt hatte. Nur ein einziger Teilnehmer kannte sich scheinbar wirklich aus in der Materie. Er hatte alle Fragen richtig beantwortet und gewann den Gutschein. Oder hat er nur richtig geraten?

Es war eine Mangocreme mit Ingwer, Kardamom und Zucker, die alle gegessen hatten. Ich bin mir keineswegs sicher, ob ich zu den Gewinnern gezählt hätte, wenn ich Teilnehmerin eines solchen Tests gewesen wäre. Es ist eine Tatsache: unser Geschmackssinn ist abgestumpft und muss wiederbelebt werden!

Der Vollständigkeit halber sei an dieser Stelle erwähnt, dass selbstverständlich auch die 6 Geschmäcker – wie alles in der

Schöpfung – aus den grundlegenden, Ihnen schon bekannten 5 Elementen bestehen:

süß	=	**Erde**	+	**Wasser**
sauer	=	**Erde**	+	**Feuer**
salzig	=	**Feuer**	+	**Wasser**
scharf	=	**Luft**	+	**Feuer**
bitter	=	**Luft**	+	**Raum/ Äther**
herb	=	**Luft**	+	**Erde**

Vata-Typen bevorzugen meistens Süßes, Salziges und Saures. Das leuchtet ein, denn Vata besteht ja aus Raum/ Äther und Luft, und durch Süßes, Saures und Salziges holt sich der Vata-Typ dann den Ausgleich (Erde, Feuer, Wasser).

Pitta-Typen lieben auch Süßes, aber auch hin und wieder Bitteres und Herbes. Da Pitta aus Feuer und Wasser besteht, braucht der Pitta-Typ den Ausgleich durch Süßes, Bitteres und Herbes (Erde, Luft, Raum/ Äther).

Kapha-Typen dagegen mögen es besonders gerne scharf, aber auch bitter und herb. Klar, ihr höchstes Dosha Kapha besteht aus Erde und Wasser, das gleichen sie dann durch Schärfe, Bitteres und Herbes (Luft, Feuer, Raum/ Äther) aus.

Mit der Beantwortung der Frage, welchen der 6 Geschmäcker Sie persönlich beim Essen bevorzugen, haben Sie schon einen ersten Anhaltspunkt dafür, welcher Typ Sie wahrscheinlich sind.

Wie Sie ja bereits wissen, sind wir alle von Geburt an ein ganz bestimmter Konstitutionstyp. Wenn dadurch nun von vornherein feststeht, welche Vorlieben wir beim Essen haben, das heißt, welche Geschmacksrichtungen wir bevorzugen, dann ist das doch ein Knaller.

Ich kann also als Vata- oder Pitta-Typ gar nichts dafür, dass ich so auf Süßes stehe, während der Kapha-Typ mehr scharfe Sachen mag. Aber soviel ich weiß, wollen die Kaphas auch immer Süßes. Wie hängt das denn nun alles zusammen, und wer soll da noch durchsehen, werden Sie vielleicht sagen. Auf den ersten Blick mag es kompliziert erscheinen, doch in Wirklichkeit ist es doch ziemlich einfach. Machen Sie sich die Mühe, gerade diese Zusammenhänge richtig zu verstehen, wenn Sie sich in Zukunft typgerecht, also ayurvedisch ernähren wollen.

Damit Sie nicht denken, Sie müssten sonst was auswendig lernen und wissen, um sich künftig gesund zu ernähren, hier vorab

die wichtigsten allgemeinen Essensregeln:

• Wenn Sie einigermaßen in Balance sind (im Zustand von Prakriti), dann spüren Sie intuitiv, was Sie brauchen und was gerade gut für Sie ist, denn darauf haben Sie Appetit. Sie haben immer Appetit auf einen bestimmten Geschmack. Hören Sie auf Ihre innere Stimme, essen Sie das, wonach Sie Verlangen haben.

• Essen Sie nur, wenn Sie hungrig sind.

• Versuchen Sie mindestens bei einer von 3 Mahlzeiten am Tag immer alle 6 Geschmacksrichtungen zu sich zu nehmen, dann werden Sie sich ausgeglichen und zufrieden fühlen.

• Essen Sie nie zu viel, nicht bei Verstopfung, zur richtigen Zeit und möglichst frisch zubereitete Nahrung.

Der Knackpunkt ist der: Sind Sie nicht in Balance, dann sagt Ihnen Ihre innere Stimme etwas Falsches. Dann wollen Sie zum Beispiel trotz Kapha-Übermaß immer mehr Süßes, oder trotz Pitta-Störung lechzen Sie nach Schärfe, obwohl beides Ihnen schadet. Bei vorhandenen Störungen ist das ayurvedische Wissen zur typgerechten Ernährung dann schon sehr hilfreich.

Die folgende Tabelle gibt Ihnen einen Überblick über die **Wirkungen der Geschmäcker auf unsere Doshas.** Entweder sie erhöhen (↑) oder sie senken (↓) sie. Eine Erhöhung des Doshas hat Störungen (Vikriti) zur Folge, eine Senkung des Doshas gleicht Störungen aus.

Beachten Sie die entgegengesetzte Wirkung bei Vata und Kapha.

	Entstehung von Störungen ↑↑↑↑↑ Dosha wird erhöht durch:	Ausgleich von Störungen ↓↓↓↓↓ Dosha wird gesenkt durch:
Vata	scharf, bitter, herb	süß, sauer, salzig
Pitta	scharf, sauer, salzig	süß, bitter, herb
Kapha	süß, sauer, salzig	scharf, bitter, herb

Sowohl der süße als auch der bittere und der herbe Geschmack stehen jeweils zweimal in der Tabelle zum Ausgleich von Störungen zur Disposition. Daran erkennen Sie die enorme Bedeutung dieser Geschmäcker für unser Wohlsein und unsere Gesundheit. Im Folgenden gehen wir darauf genauer ein.

Sie fragen sich nun sicher, wie Sie diese ganzen Besonderheiten und Regeln in Ihrem Alltag beachten und umsetzen sollen?

Hier einige Tipps, wie Sie alle 6 Geschmacksrichtungen in eine Mahlzeit integrieren können:

Süß – das Madhura Rasa:

Der Ayurveda empfiehlt Ihnen, das süße Dessert zuerst zu essen, weil Ihre Verdauungskraft zu Beginn der Mahlzeit am stärksten ist und das Süße mehr Verdauungskraft braucht als alles andere. Das hängt damit zusammen, dass süßes Essen bei der Verdauung im Gegensatz zu scharfen, salzigen oder sauren Speisen nicht erhitzend, sondern kühlend wirkt (Ausnahme: Honig).

Bei der Wahl des Süßungsmittels sollten Sie auf weißen, industriell hergestellten Zucker verzichten, da dieser zu viele negative Auswirkungen auf den menschlichen Organismus hat. Zu viel davon führt zur Übersäuerung des Körpers, auch wenn das zunächst paradox klingt.

Alternativ können Sie auch Palmzucker, Stevia, Agavendicksaft, Ahornsirup oder Honig verwenden. Dabei darf Honig nicht über 40 ° C erhitzt werden, da er sonst toxisch wirkt. Wegen seiner erhitzenden Eigenschaften nach dem Verzehr ist Honig das einzige Süßungsmittel, durch das man nicht zunimmt, sondern Gewicht verliert. Unter anderem deshalb dürfen Babys und Kleinkinder auch keinen Honig bekommen.

Eine gute Möglichkeit, um Süßes zu sich zu nehmen, ist Obst. Allerdings sollten Sie rohes Obst mindestens eine halbe Stunde vor den übrigen Gängen oder generell separat essen, um die Verdauung des übrigen Essens nicht zu beeinträchtigen.

Wenn Sie ganz auf das Dessert verzichten wollen, nehmen Sie

zumindest im Hauptgang Reis, Getreide, Kartoffeln oder andere kohlenhydratreiche Beilagen zu sich, um Ihren Bedarf an Süßem zu decken.

Eine sehr stark übergewichtige Bekannte von mir, die unbedingt abnehmen wollte, hatte vor Jahren den Tipp einer Freundin wörtlich genommen und alles Süße, zum größten Teil auch Getreideprodukte, aus ihrem Ernährungsplan gestrichen. Das Ergebnis war für sie zunächst fantastisch, denn sie sah nun mit ihrer Figur wieder aus wie eine Zwanzigjährige. Doch die Probleme ließen nicht lange auf sich warten. Ganz ohne Süßes waren ihr Vata- und ihr Pitta-Dosha ganz schnell in die Höhe geschossen, mit den Folgen, dass ihr Nervenkostüm (V) völlig am Boden lag (ständiges Händezittern) und ihr Verdauungsapparat überhaupt nicht mehr funktionierte. Sie litt unter ständigen Magenschleimhautentzündungen (P) und Durchfall (Agni), hatte keinen Appetit und keine Lebensfreude mehr. Wie ich später hörte, hat sie inzwischen wieder zugenommen; sie wiegt jetzt mehr als je zuvor.

Dieses konkrete Beispiel macht deutlich: Wir brauchen das Süße unbedingt. Es darf auf keinen Fall aus unserem Speiseplan verbannt werden! Entscheidend ist die Art der Süße und in welchen Mengen wir sie konsumieren.

Sauer – das Amla Rasa:

Ich persönlich verwende beim Zubereiten von Desserts, bei vielen Suppen und Hauptgängen immer einige Spritzer Zitrone. Sie verstärkt den Eigengeschmack, gibt Frische, regt den Appetit, den Speichelfluss und die Verdauung an.

Sie können aber auch viele andere Zitrusfrüchte, Tamarinde, saure Sahne, Buttermilch, Kefir, Käse, milden Essig, Trauben oder fermentierte, also eingelegte Nahrungsmittel (z. B. Sauerkraut) verwenden, um das Saure in die Mahlzeit zu integrieren. Da genügen dann vielleicht schon ein kleines Stückchen Käse oder Joghurt- bzw. Weißweindressing zur Salatbeilage.

Mit sauren Nahrungsmitteln darf man es aber nicht übertreiben, da es sonst auf Grund der heißen Eigenschaften von Saurem zu einer Übersäuerung des Körpers kommen kann, was sich als Brennen manifestiert.

Salzig – das Lavana Rasa:

Außer in Kelp, einer Algenart, kommt Salz in keinem anderen Lebensmittel auf natürliche Weise vor. Wir mischen es deshalb der Nahrung bei, als Meer- oder Steinsalz und als Himalaya-Kristallsalz.

Das immer noch von sehr vielen verwendete, gebräuchliche Kochsalz (Natriumchlorid) empfiehlt der Ayurveda Ihnen nicht, da in ihm nur 2 von 84 natürlichen Elementen vorhanden sind und ein Mangel deshalb vorprogrammiert ist. Sie dürfen es getrost aus Ihrer Küche verbannen und künftig eines der o. g. Salze verwenden.

Das Salz in Ihrer Mahlzeit trägt zur Erhitzung und Verdauung bei, reguliert den Wasser-Elektrolyt-Haushalt sowie den Abtransport und die Ausscheidung von Abfallstoffen.

Wahrscheinlich haben wir alle das geringste Problem damit, den salzigen Geschmack in unsere Nahrung einzubauen. Wir müssen im Gegenteil darauf achten, nicht zu viel davon zu verwenden. Ein zu hoher Salzkonsum kann zu brennenden Empfindungen, Wasserzurückhaltungen oder Wasseransammlungen (Ödemen), hohem Blutdruck und Hautproblemen führen.

Scharf – das Katu Rasa:

Die Schärfe, auf die Sie gerade Appetit haben, geben Sie Ihrer Mahlzeit, indem Sie mit verschiedenen Pfefferarten (Chili, Cayenne, schwarzer Pfeffer, langer Pfeffer), Kümmel, Majoran oder Koriander würzen. Auch Knoblauch, Zwiebeln, Ingwer, Senf, Radieschen oder Rettich machen Ihr Essen scharf. Selbst Petersilie und Dill enthalten eine gewisse Schärfe.

Genau wie Salz regt Scharfes Ihre Verdauung an, es erhitzt den Körper, bringt sozusagen alles in Bewegung und befreit von Schleimansammlungen in Ihren Nasennebenhöhlen und im Brustraum. Aus Erfahrung wisssen Sie, wenn Sie z. B. eine mit Salz und Chili gewürzte heiße Suppe essen, dann läuft Ihnen nach kurzer Zeit die Nase, das heißt der Schleim in der Nase verflüssigt sich.

Der Ayurveda empfiehlt zur besseren Verdauung vor oder nach dem Essen ein sogenanntes Gewürzlassi, das aus gleichen Teilen Joghurt und Wasser mit frisch im Mörser zermahlenen scharfen Gewürzen besteht, zum Beispiel Fenchel, Pfeffer, Ajwain oder Kümmel. Ein kleines Schnapsglas voll davon reicht aus, um die Verdauung in Schwung zu bringen. Genauso verdauungs- und Appetit anregend wirkt eine Scheibe Ingwer vor oder nach dem Essen.

Den Ingwer möchte ich besonders hervorheben, denn er bietet im Gegensatz zu den anderen genannten scharfen Gewürzen nicht nur Schärfe, sondern gleichzeitig auch eine milde Süße, was ihn bekömmlicher und auch schmackhafter macht, während zum Beispiel Chili und Pfeffer die Eigenschaft haben, den Körper schnell auszutrocknen.

Aus unserer Hotelküche ist Ingwer nicht mehr wegzudenken. Bei einer Vielzahl ayurvedisch-vegetarischer Gerichte mit Gemüse, als Bestandteil von Curry und vielen Saucen ist er unverzichtbar. Besonders in der kalten Jahreszeit gibt er uns zusätzlich Wärme und schützt uns vor sogenannten Erkältungskrankheiten.

Nur Kapha-Typen und Menschen mit Kapha-Störungen ist es zu empfehlen, ganz besonders scharf zu essen. Alle anderen sollten mit der Schärfe Maß halten, sonst kann es schnell und leicht zu Überreaktionen mit Übelkeit, Zittern und Muskelschmerzen kommen, in Extremfällen zu Dickdarmentzündungen (V) oder Magengeschwüren (P). Der Pitta-Typ wird allerdings auch immer gerne scharf essen, um sein angeborenes hohes Pitta zu halten.

Bitter – das Tikta Rasa:

Die Lebensmittelindustrie und die Forschung haben in den zurückliegenden Jahren dazu beigetragen, dass sowohl der bittere als auch der herbe Geschmack weitestgehend aus unserem Essen verschwunden sind, weil sich bittere und herbe Lebensmittel offenbar nicht so gut verkaufen wie andere.

Obwohl für viele nicht gerade wohlschmeckend, hat der bittere Geschmack dennoch in unserer Nahrung wichtige Funktionen zu erfüllen. Jeder weiß, dass zum Beispiel ein Magenbitter nach dem Essen gut für die Verdauung ist. Der bittere Geschmack sorgt für eine bessere Verdauung, unterstützt die Leber bei der Entgiftung des Körpers und tötet Krankheitskeime ab. Außerdem hilft er bei allen Erschöpfungs- und Ohnmachtszuständen, er lindert Jucken und Brennen. Ganz nebenbei verbessert der bittere Geschmack auch noch die anderen Geschmäcker.

Mit Salaten und mit Wildkräutern, die uns vom Frühjahr an bis in den Spätherbst von der Natur kostenlos bereitgestellt werden, können wir unseren Speiseplan mit dem bitteren Geschmack ergänzen. Das mag für die meisten etwas gewöhnungsbedürftig sein. Aber fangen Sie damit an, in Ihrem Garten den Löwenzahn, die schönen Gänseblümchen oder die Brennesseln künftig nicht mehr alle auszureißen, sondern sie stehenzulassen. Und jedes mal, wenn Sie sich einen Salat vom Markt oder aus dem Laden zubereiten, holen Sie sich ein wenig Löwenzahn oder andere Wildkräuter aus Ihrem Garten und verarbeiten diese in Ihrem Salat. Sie werden bald merken, wie wunderbar das schmeckt und wie gut Ihnen die Wildkräuter tun. Wer keinen eigenen Garten hat, kann Wildkräuter und -beeren in unberührten Wäldern und Flurstücken sammeln. Aber Achtung, es gibt auch viele giftige Kräuter! Nur mit genauer Kenntnis sollten Sie Wildkräuter und -beeren sammeln und verzehren. Im Abschnitt über die Jahreszeiten erfahren Sie mehr zum Thema Wildkräuter.

Den bitteren Geschmack können Sie außerdem noch mit Rhabarber, Gelbwurz, Bittermelone, Rosenkohl, Spinat, Mangold, Radicchio, Ruccola oder Aloe Vera in Ihre Mahlzeit integrieren.

Gelbwurz, auch Kurkuma genannt, ist Hauptbestandteil jeder Currygewürzmischung. Wenn Sie Currygerichte mögen und häufig essen, dann decken Sie schon allein damit Ihren Bedarf an bitterem Geschmack und tun Ihrer Haut Gutes.

Die Bitterstoffe der Aloe-Pflanze können Sie idealerweise mit reinem Aloe-Saft zu sich nehmen, oder Sie reichern zum Beispiel Ihr Joghurtdressing für Ihren Salat mit etwas Aloe-Saft an. Sie werden die kühlenden und ausgleichenden Eigenschaften der Aloe Vera deutlich spüren und schätzen lernen.

Viele Gäste unseres Restaurants trinken nach dem Essen gerne einen Espresso oder Kaffee. Auch diese enthalten Bitterstoffe und tragen bekanntermaßen zur Verdauung bei.

Herb (adstringierend, zusammenziehend) - das Kashaya Rasa:

Der herbe Geschmack ist ebenso wie der bittere nicht so beliebt bei uns. Er zieht uns oftmals regelrecht den Mund zusammen und läßt unsere Gesichtszüge entgleisen, so stark, intensiv und teilweise unangenehm ist er.

Vata-Typen und Menschen mit Vata-Störungen können zum größten Teil auf ihn verzichten, denn er läßt Vata ansteigen, was zu Trockenheit im Mund, Sprechstörungen oder zu einem Blähbauch führen kann. Aber für alle anderen Typen ist er unverzichtbar. Er hilft, Blutungen zu stillen und Wunden zu heilen.

Insbesondere sind Hülsenfrüchte die Lieferanten des herben Geschmacks. So können Sie anstelle von Fleisch zusätzlich Bohnen, grüne Erbsen, Kichererbsen, Mungbohnen oder Linsen auf Ihren Speiseplan setzen. Bei den Gemüsesorten sind es Chicorée, Auberginen, Blumenkohl, Brokkoli, Fenchel und Spargel, die auf Grund ihres herben Geschmacks dafür sorgen, dass sich kein Wasser im Körper ansammelt (K + P).

In einem Frühjahr hatten wir im Hotel wieder einmal einen Wildkräuterabend geplant. Ich überlegte seit Tagen, mit welchen Kreationen ich diesmal unsere Gäste überraschen sollte und wie ich sie in der Kapha-Jahreszeit unter anderem auch an den herben Geschmack heranführen könnte.

Da kam ich auf die ganz verrückte Idee, als Dessert eine Kugel Eis mit gebratenem Chicorée und Butterblumenhonig zu servieren. Das war wirklich gewagt, denn keiner konnte sich vorstellen, wie und ob das überhaupt schmecken kann. Ich wusste um diese Herausforderung, wollte es aber wissen.

Die Teilnehmer schauten zunächst ungläubig auf das Dessert wie auf etwas Außerirdisches. Erst ganz zaghaft fingen sie an, davon zu kosten. Schnell veränderten sich jedoch ihre Mienen, ein Lächeln umschmeichelte ihre Lippen, und ein Gesang wie von zwitschernden Singvögeln erfüllte plötzlich den Raum.

Da wusste ich, das Experiment war gelungen. Die meisten der Anwesenden hatten noch nie Chicorée gegessen und waren völlig überrascht, wie gut er ihnen schmeckte, zumindest in der angebotenen Kombination, gebraten und mit etwas Süßem.

Zum Hauptgang hatten wir übrigens zusätzlich ein Chutney aus Auberginen und Tomaten gereicht, das neben dem herben Geschmack der Aubergine auch alle anderen Geschmäcker enthielt: sauer (Tomaten), salzig (Steinsalz), scharf (Ingwer und Pfeffer), süß (ein wenig Zucker) und bitter (Gelbwurz).

Mit Chutneys, die immer alle 6 Geschmäcker enthalten sollten, haben Sie eine fantastische Möglichkeit, Ihre Mahlzeit nicht nur geschmacklich, sondern auch genussvoll und mit vielen Ideen zu bereichern. Sie können sie aus allen Früchten und Gemüsesorten herstellen.

Probieren Sie es aus! Ihrer Fantasie sind keine Grenzen gesetzt. Ich persönlich liebe es, zu Gemüse-Reis-Gerichten immer ein einfaches Apfel-Chutney mit Rosinen, frischem Ingwer, Zitrone, Fenchel, Anis, etwas Zucker, einer Prise Salz und Gelbwurz zu essen. Dazu gebe ich den feingehackten Ingwer und alle anderen Gewürze in einen Topf mit Ghee, schwenke alles kurz an und gebe dann die kleinen Apfelstücke dazu. Das Ganze braucht 10 Minuten, und fertig ist der Genuss pur.

10. Mit Wildkräutern durch das Jahr

Jedes ayurvedische Menü, das alle unsere Sinne befriedigt und uns zufrieden macht, enthält höchstwahrscheinlich alle sechs Geschmacksrichtungen. Dann ist es vollständig, perfekt und sorgt dafür, daß wir nach dem Essen nicht noch Heißhunger auf Süßes oder Saures haben.

Die ayurvedische Ernährungslehre gibt auch Empfehlungen über die Reihenfolge, in der die einzelnen Geschmacksrichtungen nacheinander verzehrt werden sollten.

Dass das Süße (u.a. Dessert, Getreide, Reis, Kartoffeln) mehr Verdauungskraft (Agni) erfordert als alles andere und deshalb immer als erstes gegessen werden sollte, das wissen Sie bereits. Halten Sie sich an diese wichtige Regel, gewährleisten Sie eine vollständige und gute Verdauung und verhindern Rückstände (Ama).

Als nächstes folgen dann die Geschmacksrichtungen sauer, salzig, scharf, bitter und herb, wobei sich diese spätestens beim Hauptgang meistens vermischen.

Neben dem, was der Mensch kultiviert hat und erntet, bietet uns die Natur im Laufe der Jahreszeiten eine Reihe von wild wachsenden Kostbarkeiten, die wir Wildkräuter und Wildfrüchte nennen. Sie stehen uns allen zur freien Verfügung. Wir müssen sie nur sammeln, ernten und für uns aufbereiten. Wer das nicht selbst machen möchte, kann auf viele andere Möglichkeiten zurückgreifen. Es gibt sicher auch in Ihrer Region inzwischen

Anbieter und Lieferanten, die Sie versorgen könnten. Bei uns in Norddeutschland kann ich die Firma „Essbare Landschaften" sehr empfehlen. Aber das eigene Sammeln und Ernten bringt natürlich noch viel mehr Freude, Erlebnisse und Energie mit sich, so dass sich die Mühe lohnt. Wichtig ist dabei, dass Wildkräuter und Wildfrüchte stets mit dem nötigen Respekt vor der Natur geerntet werden sollten und mit dem erforderlichen Wissen, das dem Verzehr vorausgehen muss.

Die Goßartigkeit unserer Natur erfüllt mich immer wieder mit großer Freude und neuem Erstaunen. Die Natur lässt uns genau die passenden Wildkräuter und Wildfrüchte wachsen, die wir zum Ausgleich der jahreszeitlich bedingten Kapha-, Pitta- und Vata-Dominanzen gerade dringend benötigen. Die einzelnen Menüs werden dies im Folgenden deutlich machen.

Die verschiedenen Jahreszeiten sind bei der Gestaltung einer gesunden, ayurvedischen Ernährung mit zu berücksichtigen. Auch ohne Kenntnis des Ayurveda ist diese Tatsache jedem hinreichend bekannt.

Immer wieder und allerorts wird propagiert, das Obst, das Gemüse und die Früchte zu essen, die in der jeweiligen Region gerade reif sind oder dort gelagert werden, eben der Jahreszeit entsprechend. Warum im Winter Erdbeeren aus Spanien oder Tomaten und Gurken aus Holland essen, die kaum Nährendes enthalten, wenn wir so viele andere, bessere, regional geerntete Früchte und Gemüse zur Verfügung haben, z. B. Äpfel, Kohl, rote Bete, Kartoffeln oder Steckrüben.

Aus meiner jahrelangen Erfahrung als Gastwirtin und Köchin weiß ich, dass wir Deutschen im Winter wenig kalte Salate, dafür lieber heiße Suppen und deftige, schwere Braten mögen. Im

Sommer dagegen lieben wir leichte, auch mal kalte Speisen, bis hin zum tiefgefrorenen Eis. Dieses Verhalten entspricht den natürlichen und unterschiedlichen Gegebenheiten der einzelnen Jahreszeiten.

Ich kann aber ebenso beobachten, dass viele Menschen diese, der Natur entsprechenden Regeln nicht beachten. So lieben es die Deutschen, auch im Winter und im Frühjahr Eis zu essen, wenn auch nicht so viel wie im Sommer, das ganze Jahr über eisgekühlte Getränke zu sich zu nehmen und zu jedem Essen viel zu trinken.

Die Jahreszeiten gehören nach ayurvedischer Auffassung zu den kosmischen Kräften bzw. zu der äußeren Umwelt, die das Gleichgewicht der Tridoshas im Menschen stark beeinflussen können, da in der Natur immer jeweils ein Dosha dominierend ist. Und da der Mensch nicht losgelöst von der Natur, sondern im Verbund mit ihr lebt, hat das natürlich Auswirkungen auf sein Befinden. Aus diesem Grunde ist es für uns sehr wichtig, diese Zusammenhänge richtig zu verstehen und unser Handeln danach auszurichten.

Allerdings lässt sich keine starre, für immer gültige zeitliche Abgrenzung vornehmen, da die Dominanz der Tridoshas in der Natur immerzu wechselt. So kann an einem kalten, klaren und windigen Wintermorgen Vata dominieren. Wenn dann mittags die Sonne hell scheint und alles erwärmt, übernimmt Pitta die Führung. Am Abend könnten trübe Wolken und ein erneuter Kälteeinbruch dafür sorgen, dass nun Kapha vorherrscht. Auch durch die globalen Umweltveränderungen kann es bei den Grenzen der Kapha-, Pitta- und Vata-Jahreszeiten bei uns und in anderen Regionen der Welt in Zukunft weitere Verschiebungen geben.

Nach den Lehren des Ayurveda können wir jedoch grundsätzlich von folgender Dominanz bzw. den Jahreszeiten der Tridoshas ausgehen:

Dominanz	lt. Kalender	Monate
Kapha-Jahreszeit	später Winter - Frühling	Februar/März - April/Mai
Pitta-Jahreszeit	Frühjahr - Sommer - Herbst	April/Mai - Sept./ Oktober
Vata-Jahreszeit	Spätherbst - Ende des Winters	Okt./November - Februar/März

10.1. Vata - Jahreszeit und Vata - Wildkräuter - Menü

Wenn der Spätherbst beginnt, die Wärme des Sommers und Frühherbstes vergangen ist, nimmt Vata allmählich in der Natur und auch im Menschen zu.

Entsprechend der Eigenschaften von Vata (beweglich, trocken, kalt usw., vgl. S. 38 ff), die sich hauptsächlich aus den Elementen Luft und Raum/ Äther ergeben, prägen kalte, eisige und trockene Winde immer mehr das Wettergeschehen und beeinflussen unsere Befindlichkeiten. Auch wenn hier und da und zeitweilig deutlich Kapha oder Pitta zu spüren sind, ist dies doch die Zeit der Vata-Dominanz.

Demzufolge sollten wir uns in dieser Zeit warm halten, die Bewegung natürlicherweise reduzieren (nicht ganz aufgeben!) und insbesondere für Regelmäßigkeit in allem (Tagesroutine) sorgen. Der menschliche Körper muss in dieser Zeit gegen die vorherrschende Trockenheit und Kälte „ankämpfen", das heißt, er braucht mehr Fett und schwerere Nahrung als im Sommer, um seine Körpertemperatur aufrecht zu erhalten. Auch unsere Haut braucht jetzt mehr Feuchtigkeit und Fett als sonst, und wir müssen dem Körper nun viel Flüssigkeit zuführen. Insbesondere warme und regelmäßige Nahrungsaufnahme sind jetzt wichtige Voraussetzung für Wohlbefinden und Gesundheit.

Allgemein empfohlen werden in der Vata-Jahreszeit vor allem Getreideprodukte, Reis, Fisch, deftige Fleischgerichte (Huhn, Rind), Karotten und auch der Verzehr von Butter und Ghee. Grundsätzlich empfiehlt der Ayurveda zur Senkung von Vata-Überschuß - um den handelt es sich jetzt in der Vata-Jahreszeit - den vermehrten Verzehr von Lebensmitteln mit süßem, saurem und salzigem Geschmack, während Scharfes, Bitteres und Herbes nur in Maßen genossen bzw. ganz weggelassen werden kann. Hier noch einmal die Erwähnung, dass der authentische und ursprüngliche Ayurveda selbstverständlich kein Fleisch empfiehlt, sondern die vegetarische Ernährung, die auch ich favorisiere.

Somit sind auch in dieser Jahreszeit wieder alle süßen, aber auch sauren Obstsorten zu empfehlen, die geerntet sind, nun lagern und reichlich vorhanden sind.

Bei den bekannten Gewürzen sind es Kardamom und Zimt, die (auch) süß sind, die in diese Zeit besonders empfohlen werden. Sicher nicht zufällig, finden gerade sie wahrscheinlich deshalb traditionell in der Weihnachtsbäckerei und in der winterlichen

Küche vermehrt bei uns Anwendung und helfen uns so, gut über den Winter zu kommen.

In der Winterzeit bietet uns die Natur in unseren Breitengraden wegen der niedrigen Temperaturen und des Schnees meistens keine oder nur sehr wenige frisch wachsende Wildkräuter und Wildfrüchte (Ausnahme: z.B. Vogelmiere oder Austernseitling). Aber wir haben die schöne Möglichkeit, eine ganze Reihe von Wildfrüchten im Spätsommer und Frühherbst zu sammeln, zu trocknen oder zu verarbeiten, um sie dann in der kalten Jahreszeit als willkommene Ergänzungen in unseren Speiseplan mit einzubauen. So können jetzt vermehrt süße und saure Wildfrüchte als Trockenobst in Suppen oder Müsli gegessen werden. Auch selbst gemachte Marmelade, Gelee oder Saft von Holunderbeeren, Vogelbeeren oder Brombeeren eignen sich bestens für den Verzehr in der Vata-Jahreszeit, ebenso wie getrocknete Berberitzen und im Wald gesammelte Nüsse.

Jetzt dürfen wir auch ruhig etwas mehr salzen als sonst, denn das reduziert Vata. Die alte Tradition, bestimmte Lebensmittel über Winter mit Salz zu konservieren, entspricht genau dieser Empfehlung für diese Jahreszeit.

Ein Vata - Wildfrüchte - Menü

In den zurückliegenden Jahren haben wir im Hotel Marienhof gemeinsam mit der bekannten „Kräuterhexe" aus Burg Stargard, meiner unvergesslichen Freundin Gudrun Piontek, eine Vielzahl von Wildkräuter-Spezialitätenabenden veranstaltet. An diesen besonderen Abenden haben wir den Teilnehmern entsprechend der Jahreszeit heimische Wildkräuter und Wildfrüchte vorgestellt und in einem eigens dafür kreierten Menü dargeboten. Solche

Spezialitätenabende erfreuten sich einer großen Beliebtheit, denn neben dem kulinarischen Erlebnis nahmen die Besucher auch immer neues Wissen über die Heilwirkungen und Anwendung von Wildkräutern mit, das sie bei Bedarf in Zukunft bei sich selbst und Zuhause anwenden konnten.

In der Vata - Jahreszeit, vom Spätherbst an bis hin zum Frühjahr, ist dieses Menü empfehlenswert. Mit den dominierenden Geschmacksrichtungen süß, sauer und salzig erfüllt es die Forderungen zur Senkung des Vata - Überschusses in der Natur und in uns.

In dieser Zeit brauchen wir die Geschmacksrichtungen bitter und herb nicht vordergründig in unserer Nahrung, wie das hingegen jedoch im Frühjahr und im Sommer der Fall ist. Auch scharfe Nahrungsmittel müssen wir im Übermaß jetzt meiden, weil sie Vata sehr stark erhöhen würden.

1. **Gang:** Holunderbeerkompott im Blätterteigkörbchen, mit Sahnetupfer

   Holunderbeeren: süß, sauer, herb

2. **Gang:** Topinambur - Gemüsesuppe

   Topinambur: süß

3. **Gang:** Zanderfilet auf Rote Beten und
   Berberitzen-Reis

Rote Bete: süß

Berberitzen: sauer

Überblick über alle Geschmacksrichtungen im Menü:

	1. Gang	2. Gang	3. Gang
süß	x	x	x
sauer	x		x
salzig		x	x
scharf			
bitter			
herb	x		

10.2. Pitta - Jahreszeit und Pitta - Wildkräuter - Menü

Mit dem Ansteigen und Anhalten der höheren Temperaturen in den Monaten Mai/ Juni/ Juli bis zum Oktober hin nimmt auch die Pitta-Dominanz in der Natur und im Menschen zu. Wenn im Mai bereits Temperaturen von 35 °C und mehr vorherrschen, wie in den vergangenen Jahren, dann kann man durchaus auch im Mai schon von Pitta-Dominanz sprechen.

Die Elemente Feuer und Wasser bestimmen jetzt im Außen das Geschehen. Gemäß ihren Eigenschaften (vgl. S. 38) sorgen sie teilweise für große Trockenheit, dann aber wieder auch für sehr hohe Luftfeuchtigkeit. Jetzt gilt es, stets für Kühlung in und an unserem Körper zu sorgen und uns nicht durch zu schwere Arbeit zu überanstrengen.

Das Hauptthema der Ernährung in der Pitta-Jahreszeit ist auch die Kühlung. Alle Maßnahmen sollten dem Ziel dienen, das erhöhte Pitta in uns zu senken, was gleichbedeutend ist mit Kühlung. In dieser Zeit ist der gemäßigte Konsum von Eis deshalb durchaus angebracht.

Lebensmittel mit den Pitta senkenden Geschmacksrichtungen süß, bitter und herb sind jetzt angesagt, während die anderen Geschmacksrichtungen scharf, sauer und salzig nun möglichst gemieden bzw. in Grenzen gehalten werden sollten. Dazu sind alle süßen Obstsorten und Früchte geeignet, die es in dieser Jahreszeit ja reichlich gibt. Auch Zitrusfrüchte wie Zitronen, Limonen und reife Orangen werden empfohlen. Alle anderen Zitrusfrüchte jedoch nicht, da diese den Säuregehalt im Körper zu stark erhöhen und damit auch Pitta.

Zu scharfes und zu heißes Essen ist ebenso zu vermeiden wie salziges, weil beides die Hitze im Körper erhöht.

Ausnahme: Wenn es sehr heiß ist, sinkt unsere Verdauungskraft drastisch. Dann sind doch scharfe Gewürze angesagt, die unser Verdauungsfeuer wieder zum Lodern bringen, und wir keinen Durchfall bekommen.

Dagegen sind kühlende Getränke, süße Lassis, Getränke mit Rosenwasser, Aloe oder Minze empfehlenswert.

Salate, leichte Gemüse mit wenig Schärfe wie Zucchini, Fenchel, Karotten, frische Erbsen, ebenso Gurken und leichte Dalgerichte (Linsen und Bohnen) werden Ihnen jetzt gut tun.

Auch in dieser Zeit finden wir wieder eine ganze Palette von Wildkräutern und nun auch von Wildfrüchten, die auf Grund ihres süßen, herben und bitteren Geschmacks hervorragend geeignet sind, Pitta zu reduzieren. Dazu gehören zum Beispiel Himbeeren, Brombeeren, Heidelbeeren, Löwenzahn, Schafgarbe, Spitz- oder Breitwegerich.

Ein Pitta - Wildkräuter - Menü

In der Sommerzeit und im Frühherbst, solange es noch warm ist, könnte dieses Menü eine willkommene Abwechslung in Ihrem Speiseplan sein. Einmal genossen, wollen Sie es immer wieder!

Die Geschmacksrichtungen süß, bitter und herb dominieren. Salz, Saures und Scharfes sind nur geringfügig vorhanden.

1. **Gang:** Rosenblütenpudding mit Himbeersauce

Rosenblüten: süß, herb

Himbeeren: süß, sauer

2. **Gang:** Löwenzahnsalat mit Mozzarella und Vinaigrette

Löwenzahnblätter: bitter, herb

3. **Gang:** Spitzwegerich - Nudeln mit Dost - Tomaten Chutney

Spitzwegerich: bitter, herb

Dost (wilder Oregano): bitter, herb

Überblick über alle Geschmacksrichtungen im Menü:

	1. Gang	2. Gang	3. Gang
süß	x	x	x
sauer	x wenig	x wenig	x wenig
salzig		x	x
scharf			x wenig
bitter		x	x
herb	x	x	x

10.3. Kapha - Jahreszeit und Kapha - Wildkräuter - Menü

Zu Beginn des Jahres, nach unserem gregorianischen Kalender in den Monaten Februar/ März bis April/ Mai herrscht in der Natur Kapha vor, das heißt Kapha ist am stärksten. Die anderen Kräfte Pitta und Vata sind deshalb trotzdem da, aber in viel geringerem Maße und nicht so oft.

Entsprechend der Eigenschaften von Kapha, die sich aus den Elementen Wasser und Erde ableiten (vgl. S. 38 ff) sind wir träge, oft unbeweglich oder gar depressiv. Auch unser Verdauungsfeuer arbeitet auf Sparflamme. Im Ergebnis produziert der Körper jetzt vermehrt Schleim. Wir sprechen von Frühjahrsmüdigkeit.

Deshalb sollten wir im Frühjahr Milch- und Käseprodukte sowie Eis meiden, weniger und leichtere Kost essen, dafür aber schärfer würzen und Körper und Geist reinigen. Zur Reinigung gibt es viele Möglichkeiten. Eine einfache davon ist das Trinken von Ingwerwasser bzw. von abgekochtem Wasser (10 Min.). Der Ayurveda empfiehlt insbesondere in dieser Zeit Panchakarma-Kuren, durch die Körper und Geist gleichermaßen gereinigt werden können, und natürlich viel Bewegung an der frischen Luft.

In der Kapha-Zeit des Jahres geht es also darum, die „Schwere" des Winters, die wir uns angewöhnt bzw. angefüttert haben, wieder ganz loszulassen, uns von den in den Wintermonaten angesammelten Schlacken (Ama) in den Geweben zu befreien und uns somit wieder fit zu machen für die kommende, aktivere Jahreszeit.

Ein weiterer Anstieg von Kapha kann durch das Vermeiden bzw. Verringern der Geschmacksrichtungen süß, sauer und salzig in der Ernährung vermieden werden. Demgegenüber kann Kapha durch den vermehrten Verzehr von Lebensmitteln mit den Geschmacksrichtungen scharf, bitter und herb und durch mehr leichtes (weniger Fett und Gebratenes) und trockenes Essen gesenkt werden. Diese Regel gilt allgemein für Kapha und demzufolge auch in der Kapha - Jahreszeit.

Woher bekommen wir nun diese Geschmacksrichtungen? Wir können scharfe Gewürze verwenden, z. B. Pippali oder Chili, öfter mal scharfen Meerrettich, Knoblauch, Zwiebeln, Ingwer oder Rettich essen. Die genannten Gewürze und Gemüse dienen alle der Anregung und Verbesserung unseres Stoffwechsels und sind Hitze produzierend, wodurch Schleim im Körper und somit Kapha gelöst wird. Bei den meisten bekannten, sogenannten

Erkältungskrankheiten, die in dieser Zeit häufig mit vermehrter Schleimbildung auftreten, hilft „Scharfes" immer.

Auch Kümmel und Kurkuma (beide auch bitter), alter Honig und Buchweizen (beide herb) tragen zur Senkung von Kapha bei.

Aber auch die Natur unterstützt uns in starkem Maße in unserem Vorhaben, indem sie gerade in dieser Zeit solche Pflanzen und Wildkräuter wachsen lässt, deren Verzehr das angesammelte, erhöhte Kapha in uns senkt.

Ein Kapha - Wildkräuter - Menü:

Mit einem Kapha-Wildkräuter-Menü ist Essen gemeint, das idealerweise in der Kapha - Jahreszeit, also ganz besonders im Frühjahr, zu empfehlen ist. Entsprechend der in dieser Zeit vorherrschenden Bedingungen in der Natur gilt es jetzt, die Geschmacksrichtungen scharf, bitter und auch herb vorrangig in unsere Nahrung zu bringen, wobei ich der scharfen Komponente den Hauptanteil zubilligen möchte.

Besonderen Verzicht sollten wir jetzt auf zu viele Anteile an süßen, sauren und salzigen Nahrungsmitteln üben.

1. **Gang:** Dinkelgries
   mit Löwenzahnblüten - Honig

   Löwenzahnblüten: bitter, herb

2. **Gang:** Bärlauchsuppe

Bärlauch: scharf

3. **Gang:** Gemüse-Frikadellen
   mit Ingwer und Brennesseln,
   serviert mit Reis oder Buchweizen
   und einer scharfen Tomatensauce*

Brennesseln: scharf, bitter

Überblick über alle Geschmacksrichtungen im Menü:

	1. Gang	2. Gang	3. Gang
süß	x wenig	x wenig	x wenig
sauer			x wenig
salzig		x wenig	x wenig
scharf		x	x
bitter	x	x	x
herb	x	x	x

* Mein Rezept (für 4 Pers.): Gemüse - Brennessel - Frikadellen

Zutaten:

- 150 g Karotten, 150 g Porree, 50 g Zucchini, 50 g Sellerie

- 1 kleine Zwiebel

- 100 g frische Brennesselspitzen

- frische Kräuter: z. B. Petersilie, Schnittlauch und Thymian

- 1 Daumen großes Stück Ingwer

- etwas Ghee

- je 1 TL schwarze Senfsaat, Kreuzkümmel, schwarzer Pfeffer, Meer- oder Steinsalz und scharfer Paprika

- 2 große Eier, 180 – 200 g Quark, 60 g Semmelmehl, 60 g Haferflocken

Zubereitung:

- Karotten, Sellerie, Porree und Zucchini schälen bzw. putzen und in feine (2 - 3 mm dicke) Streifen schneiden.

- Die Zwiebel schälen und fein hacken.

- Die Brennesseln säubern, waschen und in einem Topf mit kochendem Wasser blanchieren, dann kalt abspülen, Wasser ausdrücken und klein schneiden.

- Alle frischen Kräuter säubern und klein hacken.

- Den Ingwer schälen, in kleine Würfel schneiden und anschließend in einer Pfanne in Ghee erhitzen.

- Die Gewürze im Mörser zerkleinern, in eine 2. Pfanne (ohne Ghee) geben und rösten, bis sie anfangen zu springen.

- Nun alle vorbereiteten Zutaten mit den Eiern, Quark, Semmelmehl und Haferflocken in eine Schüssel geben und alles gut miteinander vermengen, bis eine homogene Masse entstanden ist (ggf. noch mit mehr Ei, Haferflocken oder Semmelmehl variieren).

- Zum Schluss die Frikadellen formen, in Semmelmehl wälzen und anschließend in der Pfanne goldgelb braten.

Zu den Frikadellen passen am besten Reis oder Buchweizen und eine würzige Tomatensauce mit Oregano, Ingwer oder Chili. Im Frühjahr empfiehlt es sich, zur Entschlackung noch weitere scharfe Gewürze dazu zu geben (z. B. Kapha-Churna), je nach Geschmack und Typ. Diese Gemüse-Brennessel-Frikadellen sind seit Jahren zusammen mit der „Scharfen Pfanne" die Renner im vegetarischen Teil der Speisekarte vom Hotel Marienhof.

11. Beratungsgespräche und Fallbeispiele

Als ich in den ersten Jahren des Hotelbetriebs im Restaurant arbeitete, hatte ich oft interessante Gespräche mit Gästen. Insbesondere Allein- bzw. Geschäftsreisende am Tresen neigen manchmal dazu, vor der Dame am Zapfhahn ihr gesamtes Leben auszubreiten.

Ich erinnere mich an einen Herrn, der fast den ganzen Abend über sein Leben und alle seine Probleme sprach; ich selbst kam dabei so gut wie gar nicht zu Wort. Zum Schluss bedankte er sich für das nette Gespräch (?) und versicherte mir, dass man sich mit mir doch sehr gut unterhalten könne. Ein richtiges Gespräch war es eigentlich nicht, mehr eine Gelegenheit zum Erzählen und Loslassen für den Gast. In Wahrheit war ich einfach nur eine gute Zuhörerin.

Vielleicht spürten dies in der Vergangenheit oftmals Menschen in meiner Umgebung, so dass sie sich mir anvertrauten und ich ihnen Ratschläge gab.

Aufbauend auf meine persönlichen, jahrelangen Erfahrungen mit Familienaufstellungen nach Bert Hellinger, meinen Ayurveda-Ausbildungen zur Gesundheits- und Ernährungsberaterin und zur Therapeutin war mit der Zeit der Wunsch in mir gewachsen, auch anderen Menschen helfen zu wollen bzw. sie in ihrem Erkenntnis- und Heilungsprozess zu unterstützen.

Wenn ein Klient zu mir in die Beratung oder zur Massage kommt, dann „scanne" ich sozusagen sein Äußeres, das heißt, ich schaue mir ganz bewusst seine Gesichtszüge, sein Haar, seine Hände und andere äußerlich sichtbaren Merkmale an, die neben seinem Verhalten, seiner Art zu sprechen oder sich zu bewegen, erste Rückschlüsse auf seinen Konstitutionstyp ergeben.

Die Beantwortung von Fragen über seine Ernährungs- und Lebensgewohnheiten, seine Vorlieben, Stärken und Schwächen geben mir dann weitere Hinweise auf seinen Konstitutionstyp, die durch eine Pulsdiagnose meinerseits bestätigt oder aber auch korrigiert werden. Mit Hilfe der Pulsdiagnose kann ich dann auch noch zusätzlich erkennen, welches Dosha bei ihm zum gegenwärtigen Zeitpunkt erhöht ist (Vikriti) und demzufolge mit großer Wahrscheinlichkeit Probleme macht.

So erhalte ich in kürzester Zeit ein umfassendes „Bild" von meinem Gegenüber. Meistens hat der Klient irgendein Anliegen oder gesundheitliches Problem, das ihn zu mir führt, das er im weiteren Verlauf des Gesprächs dann auch konkret benennen kann.

Nun geht es darum, die tatsächlichen Ursachen für das Problem zu erkennen und Maßnahmen für dessen Milderung oder Beseitigung zu finden. Oftmals stellt sich dann im Gespräch schnell heraus, dass der Klient gemäß seiner Konstitution/ seines Typs entweder eine völlig falsche Lebensweise führt, sich falsch ernährt und/ oder psychische oder familiäre Probleme hat.

In jedem Fall gibt es eine oder mehrere Lösungen, wenn der Klient bereit ist, Eigenverantwortung zu übernehmen.

Frau M., Mitte 50, hatte seit Jahren mit Stirnhöhlenproblemen und Verschleimungen in den Bronchien zu tun. Dazu gesellte sich dann immer wieder von Zeit zu Zeit ein starker Husten/ Asthma und übermäßige Müdigkeit. Sie schien ziemlich ausgeglichen. Die Pulsdiagnose und weitere Befragungen ergaben, dass sie ein 3-Dosha-Typ (Prakriti) mit schon länger anhaltenden Kapha-Störungen (Vikriti) war.

Weil sie was Gutes für ihre Knochen tun wollte, trank sie täglich viel Milch, und als Vegetarierin aß sie anstelle von Wurst und Fleisch viel Käse in allen Varianten.

Sowohl Milch als auch Milchprodukte können das Kapha-Dosha stark erhöhen, was bei ihr offenbar der Fall war. Hinzu kam ihre sitzende betriebliche Tätigkeit, die negative Auswirkungen auf Kapha hatte, da sie keinen Ausgleich durch andere Bewegung oder Sport hatte.

Da Vata bei jeder Störung immer beteiligt ist, gab ich ihr die Empfehlung, für die Zeit der Genesung (mind. für 3 Monate) das Kräuterpräparat Vata-Balance einzunehmen.

Weitere Ratschläge und einfache Hausmittel zum Ausgleich von Kapha:

- Verzicht auf alle Milchprodukte (auch Eis, Joghurt, Käse), Nüsse, Koffein

- Meiden kalter Getränke und zu salziger und fermentierter Lebensmittel

- Verzehr von bitteren, herben und scharfen Lebensmitteln: z.B. Salate, Linsen, Bohnen, Ziegenkäse, weißes Fleisch, Kartoffeln, Buchweizen, Amaranth, Meerrettich, Paprika, Senf und natürlich Ingwer; Honig zum Süßen

- Tee aus gleichen Teilen Ingwer und Süßholz mit Honig 3 x täglich trinken

- bei leichten Beschwerden der Nasennebenhöhlen warmes Salzwasser in die Nase träufeln oder einfach aus der Hand in die Nase hochziehen, bei akuten Verstopfungen bis zu 3 x täglich Knoblauchsaft in die Nase träufeln

Nach 3 Monaten berichtete Frau M. mir von ihren allmählichen Erfolgen, auch wenn ihr der Verzicht auf Käse und Milch nicht leicht fiel.

Sehr viele Menschen haben mir inzwischen bestätigt, wie gut sie mit Ingwer durch den Winter (insbesondere durch die Kapha-Jahreszeit) kommen, ohne Erkältungen und Verschleimungen.

Eine Mutter suchte bei mir Rat für ihre 10-jährigen Tochter, die ständig unter Bauchschmerzen litt, insbesondere nach dem Sportunterricht.
Ein psychisches Problem konnte hier nicht gleich ausgeschlossen werden. Dennoch war mir sehr schnell klar, dass es sich bei diesem Mädchen um ein seltenes Kapha-Exemplar mit schönen Rundungen im Gesicht und am ganzen Körper handelte. Sie war ruhig und gelassen, sehr freundlich und liebenswert, nicht übergewichtig, aber auch nicht mager oder zappelig.

Hinzu kam, dass sie sich ja auch noch in ihrer Kapha-Lebenszeit befand, wo Kapha von Natur aus besonders hoch ist. Ihre Mutter erwähnte mit Stolz, was sie in der Familie alles taten, damit es dem Kind gut gehe, und sie dem Mädchen alle Möglichkeiten zu seiner Entfaltung boten. Dazu gehörte auch, dass es 2-3 Mal in der Woche zum Handballtraining ging.

Auf meine Frage an das Mädchen, ob sie gern zum Training gehe, antwortete sie mit Zurückhaltung und Blick auf ihre Mutter, nein, nicht immer.

Zu guter Letzt kam ich zu dem Schluss, dass sie - gegen ihre Natur - von den Eltern zu so viel Sport (Vata) inspiriert wurde, der ihr in dem hohen Umfang nicht gut tat und sie aus dem Gleichgewicht brachte. Ihre Bauchschmerzen im unteren Bauch (Hauptsitz von Vata im Dickdarm) waren m. E. eindeutig Vata-

Störungen. Ich empfahl ihr deshalb, das Training zu reduzieren (oder ganz aufzugeben), auf warme Mahlzeiten zu achten und sich auch sonst immer warm zu halten.

Eine junge Frau mit 32 Jahren kam zu mir zum Gespräch. Ein Blick in ihr Gesicht, das mit unübersehbaren kleinen und größeren Pickeln übersät war, verriet sofort ihr Problem. Sie hatte Akne im Gesicht. Die Geburt ihres ersten Kindes war ihre große Hoffnung gewesen, dass sich dieses Problem endlich in Luft auflösen würde. Aber diese Hoffnung hat sich leider nicht erfüllt.

Alle von ihr unternommenen Versuche mit den verschiedensten Cremes, Salben, Reinigungsmilch, Dampfbädern u. v. a. brachten immer nur zeitweilige Erleichterungen, aber nie den Durchbruch, die Heilung. Außerdem, so ihr Bericht, habe sie häufig mit Bindehautentzündungen der Augen zu tun, ihr Kind übrigens auch. Im Gespräch ließ sie keinen Zweifel darüber aufkommen, dass sie mit „beiden Beinen im Leben stehe", also sehr aktiv war, und das sowohl beruflich als auch in der Familie. Sie wirkte jedoch sehr gestresst und machte den Eindruck, als würde sie Vieles furchtbar aufregen.

Mein Gefühl bestätigte sich nach der Pulsdiagnose. Sie war ein Pitta-Typ mit einer ziemlich hohen Pitta-Störung (Vikriti), die allem Anschein nach viel Stress erzeugte und durch monatlich wiederkehrende prämenstruelle Veränderungen ihrer Hormone hervorgerufen wurde.

Da Akne eine typische Pitta-Störung ist, gilt es, durch geeignete Maßnahmen Pitta, also die Hitze im Körper und im Geist zu reduzieren.

Um dieses Ziel zu erreichen, gab ich ihr folgende Ratschläge:

- Stresslösung durch passende Affirmationen, Meditation oder yoga

- Hitzeabbau sowohl im Körper als auch im Geist durch regelmäßige Einnahme von kühlendem, reinem Aloe-Saft, 2 x täglich 4 cl

- nach Ihrer Wahl 3 x täglich folgende Tees trinken: Salbei-Tee, Pitta-Tee oder einen Gewürztee aus Kreuzkümmel, Koriander und Fenchel zu gleichen Teilen

- tägliche Reinigung des Darms von Giftstoffen durch Einläufe (Basti) mit warmem Wasser und Kokosöl

- tägliche Einnahme des Nahrungsergänzungsmittels Amalaki, bestehend aus der segensreichen Amla-Frucht

- Zubereitung aller Speisen mit Bio-Kokosöl

- Bevorzugung: süßes Obst, süßes und bitteres Gemüse (Spargel, Zucchini, Bohnen, Linsen), Wildkräuter, Salate, Reis, Kartoffeln, Nudeln, Käse, Milch und Ghee

- Meidung bzw. Reduzierung: saures Obst, Salz, scharfe Gewürze, rohe Zwiebeln, Hefebrot, Sojasauce, die meisten Nüsse (außer Kokosnüsse und geschälte Mandeln), Alkohol, Kaffee, weißer Zucker und roher Honig

Da die tiefsitzende Akne wahrscheinlich mit emotionalem Stress einherging, empfahl ich ihr zum Stressabbau auch die Möglichkeit des Visualisierens. Dabei solle sie sich bildlich und voller Freude vorstellen, wie ihre Gesichtshaut wieder gesund und frisch aussieht und alle Spuren von Akne völlig verschwunden sind.

Visualisierungen können sehr wirkungsvoll sein!

Wahrscheinlich ist es ein beschwerlicher und längerer Weg zur Heilung bei einer Akne, der viel Konsequenz und „Arbeit an sich selbst" erfordert, aber die Mühe lohnt sich!

Zur Behandlung ihrer häufigen Bindehautentzündungen und die ihres Kindes, die auch ein Pitta-Übermaß darstellen, erzählte ich ihr von der Möglichkeit, Ziegenmilch-Kompressen auf beide Augenlider aufzulegen. Das wirkt lindert und heilend, ebenso wie das Einstreichen von Ghee in die unteren Augenlider oder Augenspülungen mit lauwarmem oder abgekühltem Gewürztee aus Koriandersamen. Solange Mütter noch stillen, ist ein Tropfen Muttermilch das beste Mittel der Wahl zur sofortigen Linderung oder Behebung der Bindehautentzündung.

Massageraum im Hotel Marienhof

12. Spiritualität und Heilung

Aufgewachsen in einer christlich geprägten und ganz einfachen Bauernfamilie, fand ich früh zu einem kindlichen und festen Glauben an Jesus und den einen Gott.

Dieser Glaube und mein tiefes Vertrauen auf eine immer währende Führung und Getragenheit gaben mir mein Leben lang Orientierung, Halt, Zuversicht, Hoffnung, Kraft, Liebe – alles.

Ich habe mich immer schon glücklich geschätzt, diesen Glauben geschenkt bekommen zu haben, denn ich musste ihn mir ja nicht erarbeiten. Oft fragte ich mich, wie Menschen ohne einen solchen Glauben ihr Leben meistern. Und ich dachte, dass sie es bestimmt viel schwerer haben als ich.

Spätestens, als ich regelmäßig anfing zu meditieren und mich mit dem Ayurveda zu beschäftigen, reifte in mir die Erkenntnis, dass mein ganzes Leben eine einzige Fügung ist, alle Ereignisse und Erlebtes wie in einem Puzzle ineinander passten.

Dabei spielt meine Wirkungsstätte, das Hotel Marienhof, eine ganz besondere Rolle. Denn hier und nirgendwo anders lernte ich in vielen Seminaren und Veranstaltungen alle die Menschen kennen, die meine Entwicklung so positiv beeinflussen sollten. Das Glück kam sozusagen zu mir ins Haus; ich brauchte gar nicht erst auf Suche zu gehen.

Da ich sehr wissbegierig und für alles Spirituelle immer schon besonders aufgeschlossen war, nahm ich die Gelegenheit zur eigenen Teilnahme an solchen Semiaren bei uns im Hotel häufig wahr. Auf diese Weise erfuhr ich auf einer Veranstaltung mit Sathya Michael Rauch, der bis dahin schon unzählige Male nach

Indien gereist war, von seinem indischen Meister Swami Kaleshwar. Er berichtete uns, dass es möglich sei, höchstes Wissen durch den Meister zu erlangen und dadurch u. a. Glück, Liebe, Gesundheit und Erfolg in das eigene Leben zu integrieren. Dabei spiele es gar keine Rolle, welcher Religion wir angehören, egal ob wir Christen, Buddhisten oder Moslems sind. Die Religion des Meisters sei die Religion der Liebe.

Das fühlte sich für mich sehr verheißungsvoll, richtig und gut an, so, als wenn eine große Senhsucht in mir endlich Erfüllung finden würde.

So wurde auch ich, wie viele Tausende weltweit, Studentin von Swami Kaleshwar und ging über Jahre durch viele Prozesse der Erkenntnis, der Reinigung und der Selbstheilung.

Da ich schon seit langem den geheimen Wunsch in mir trug, auch anderen Menschen helfen zu wollen, sie auf den Weg ihrer Heilung und Selbsterkenntnis zu führen und sie zu begleiten, war das Heilwissen, das Swami Kaleshwar uns lehrte, genau das Richtige für mich.

Mein Meister Swami Kaleshwar gab mir für die Erfüllung meiner Mission und für meinen Weg das nötige „Handwerkszeug", das er aus Aufzeichnungen und eigenen Übersetzungen uralter Palmblattbücher und von seinem, in ganz Indien verehrten Meister Shirdi Sai Baba gewonnen hatte.

Dafür bin ich ihm unendlich dankbar!

Ich durfte ihn zweimal während seiner Deutschlandbesuche persönlich erleben und war von seiner Anwesenheit und außergewöhnlichen Ausstrahlung sehr berührt. Im Jahre 2012 besuchte ich zweimal seinen Ashram in Penukonda/ Südindien, nachdem er am 15.03.2012 bereits in Samadhi gegangen war.

Diesen Ashram erlebte ich als einen so kraftvollen, ja vertrauten Ort. Jeder Baum, jede Pflanze, alle Wege, der Tempel, alle Gebäude und vor allem alle Menschen spiegelten mir die Anwesenheit des Meisters – seine Allgegenwart und seine Liebe. Er hat versprochen, immer für uns da zu sein – und das ist er.

Jesus hat einmal zu seinen Jüngern gesagt, dass eine Zeit kommen wird, in der wir Menschen noch viel größere Wunder und Heilungen vollbringen werden, als er es in seinem Leben tat. Ich glaube, diese Zeit ist JETZT da.

Besinnen wir uns darauf, dass wir Abbilder Gottes sind, die mehr als nur essen, trinken, schlafen, arbeiten und sich fortpflanzen können. Jeder, wir alle sind mehrdimensionale Lichtwesen, zum größten Teil noch unbewusst, mehr und mehr jedoch bewusste Schöpfer unserer Welt, wie wir sie uns erträumen. Unser Geist – im Einklang mit unserem Herzen - schafft unsere Realität.

Dies durfte ich hautnah erkennen, als ich vor vielen Jahren auf einem Seminar im deutschen Hochgebirge war. Wie jeden Morgen versammelten wir uns in der Gruppe, draußen vor dem Firmament der großartigen Berge. Wir machten zahlreiche Yoga-Übungen. Unmittelbar danach befand ich mich in einem meditativen Zustand. Das heißt, mein Verstand war so gut wie ausgeschaltet, ich fühlte nur noch mit dem Herzen.

Unser Seminarleiter nutzte diese meditative Runde an diesem Morgen außerdem für tiefgehende „Therapiegespräche" in der Natur. Ich war von meinen Emotionen total überwältigt. Eine Teilnehmerin hatte Folgendes erzählt:

Ihre Mutter wollte, als sie ihre Schwangerschaft mit ihr bemerkt hatte, eine Abtreibung, die dann auch vollzogen wurde. Nach ein paar Wochen stellte die Mutter zu ihrem Bedauern aber fest, dass sie doch immer noch schwanger war, und nun war es zu spät für eine erneute Schwangerschaftsunterbrechung. Die Ärzte hatten ihr versichert, dass der Fötus entfernt worden war.

Da gab es nur eine Erklärung, es muss noch ein zweiter Fötus, also ein Zwilling da gewesen sein. So blieb der Mutter nichts anderes übrig, als das Kind auszutragen, das nun vor uns stand.

Nachdem die Teilnehmerin diese herzzerreißende Geschichte voller Schmerz und unter vielen Tränen erzählt hatte, meldete sich eine andere Frau aus der Runde und sagte aus tiefster Überzeugung: „Ich bin der andere, abgetriebene Zwilling."

Beide lagen sich lange in den Armen und weinten vor Freude.

Ich fasste es nicht. Ja, aber wie soll das möglich sein, dachte ich. Die beiden waren doch nicht gleichaltrig. Aber da wurde mir gleich klar, doch, es ist möglich, denn erstens ist die Zeit nur eine Illusion und zweitens ist es ja die Seele, die mit einem neuen Körper durch eine andere Mutter inkarnierte.

Waren es diese so tiefen Gefühle und Erkenntnisse, die ich durch diese Geschichte empfand, die mir das dann folgende Erlebnis bescherten, oder war es einfach eine Fügung?

Als die Runde aufgelöst wurde, drehte ich mich um und schaute zum Himmel und zu den imposanten Bergen. Da erschien wie aus dem Nichts plötzlich eine riesige, schwebende Lichtgestalt mit ausgebreiteten Armen vor mir, noch gigantischer als die Berge. Sie strahlte eine so gewaltige Kraft und Herrlichkeit aus, dass es mich einfach niederwarf auf die Erde. Vor Ehrfurcht und Überraschung musste ich weinen und konnte keinen klaren Gedanken fassen.

Was geschah hier wirklich mit mir? So etwas Großartiges, Erhabenes hatte ich noch nie erlebt. Das musste Gott sein, schoss es mir durch den Kopf, Gott ist mir erschienen. Ja!

Als ich wieder zu IHM/ IHR aufschaute, da wurde ich gewahr, das ER/ SIE kein Gesicht hatte, nur die Konturen aus Licht waren für mich erkennbar. Das konnte nicht sein.

Aber schon im nächsten Moment sah ich dort mein eigenes Gesicht. Ich erkannte, das bin ja ich - mein Höheres Selbst.

13. Schlussbemerkungen und Danksagung

Viele Menschen, denen ich bisher in meinem Leben begegnet bin, haben mich inspiriert, meinen Weg zu gehen, das zu tun, wozu ich mich berufen fühle.

Seit Jahren weiß ich es. Es ist meine Berufung – mein Dharma, mich mit der Lehre des Ayurveda und insbesondere mit der ayurvedischen Ernährungslehre zu beschäftigen, sie selbst zu verstehen, anzuwenden und an andere weiter zu geben. Das schließt meine eigene Heillung und die Heilung anderer mit ein.

Ich bin sehr dankbar für diese persönliche Erkenntnis, denn viele wissen (noch) nicht, warum sie hier sind.

Ich danke von ganzem Herzen meinen Meistern, allen voran Jesus, für ihre Führung und die Zuversicht, die sie mir geben!

Ebenso danke ich allen meinen wunderbaren und von mir immer sehr geschätzten Lehrern in der Schule und im Beruf sowie meinen Wegbegleitern und Mitstreitern in den Jahren des Bestehens vom Hotel Marienhof. Ohne sie alle wäre ich heute nicht die, die ich bin.

Ich danke meinen Kindern Lydia und Marie-Luise, durch die ich Vieles, aber insbesondere Vertrauen und die bedingungslose Liebe kennenlernen durfte und darf.

Ein spezieller Dank gilt Frau Dr. Kerstin Ritt und Herrn F., die mich durch ihr unermüdliches Handeln und ihr Wissen auf meinen Weg geführt und mich lange Zeit begleitet haben. Ohne sie gäbe es diese Geschichten aus dem Marienhof so nicht.

Aber zum Glück gibt es den Ayurveda.

Wenn ich Sie, liebe Leserin und lieber Leser, von der Tauglichkeit des Ayurveda in Ihrem Alltag überzeugen und dazu inspirieren konnte, sich noch mehr mit dieser Lehre zu beschäftigen, dann hat es einen Sinn gehabt, dieses Buch zu schreiben.

Dafür Ihnen meinen ganz besonders herzlichen Dank!

Verwendete Literatur

Ayurveda für jeden Tag, Dr. med. Ernst Schrott, Mosaik bei Goldmann Verlag, 8. Aufl. 2002

Glück und Erfolg sind kein Zufall, Alois M. Maier/Dr. Med. Ernst Schrott, J. Kamphausen Verlag, 1. Aufl. 2002

Die Wissenschaft vom Sein und die Kunst des Lebens, Maharishi Mahesh Yogi, J. Kemphausen Verlag, 2. Auflage 2000

Das Enneagramm, Helen Palmer, Droemersche Verlagsanstalt Knaur, 1998

Kochen nach Ayurveda, Dr. Karin Pirc/Wilhelm Kempe, Bassermann-Verlag, 2003

Das große Ayurveda Heilbuch, Vasant Lad, Windpferd Verlagsgesellschaft mbH, 15. Aufl. 2005

Selbstheilung mit Ayurveda, Vasant Lad, S. Fischer Verlag GmbH, 6. Aufl. 2005

Himmlisch kochen und leben im Einklang mit dem Veda, Frank Lotz, A. Schulte − Frank's Spice Shop − Verlag, 3. erw. u. redigierte Auflage, 2001

Zeitfracht Medien GmbH
Ferdinand-Jühlke-Straße 7
99095 Erfurt, Deutschland
produktsicherheit@kolibri360.de